且行且思

——我的教育教学行思路

徐伟 ◎ 著

吉林人民出版社

图书在版编目（CIP）数据

且行且思：我的教育教学行思路 / 徐伟著. — 长
春：吉林人民出版社，2023.7
ISBN 978-7-206-20172-1

Ⅰ.①且… Ⅱ.①徐… Ⅲ.①中学教育－教学研究
Ⅳ.①G632.0

中国国家版本馆CIP数据核字（2023）第147810号

且行且思——我的教育教学行思路
QIE XING QIE SI——WO DE JIAOYU JIAOXUE XING SI LU

著　者：徐　伟　　　　　封面设计：李　娜
责任编辑：门雄甲
吉林人民出版社出版发行（长春市人民大街7548号　　邮政编码：130022）
印　　刷：北京政采印刷服务有限公司
开　　本：787mm×1092mm　　　1/16
印　　张：14.5　　　　　字　　数：220千字
标准书号：ISBN 978-7-206-20172-1
版　　次：2023年7月第1版　　印　　次：2023年7月第1次印刷
定　　价：58.00元

如发现印装质量问题，影响阅读，请与出版社联系调换。

目 录

第三章　所思所想，深入浅出

第四章　师生之情，悦趣无穷

第一章

研修之路，漫漫修远

"利用本地生物资源，开发校本教材的探索"小课题研究总结

丹东五中生物组"以学生发展为本"，着眼于满足不同学生的个性特点和多样化的发展需要，开发并撰写适合我校学生需要、符合我校及丹东地区实际的校本教材开发研究。从2012年3月开始明确我们的课题为"利用本地生物资源，开发校本教材的探索"的研究，在学校领导的关怀和支持下，在校教务处主任的多次指导下，以及在全体课题组成员的不懈努力下，现在已经取得了一定的成果，为了完成这一课题的研究，大家多次集中探讨，并对课题组成员进行具体分工。同时，制订了详细的实施计划。

课题组的成员都非常积极、热情地参与这个课题的研究。自开题以来，课题组成员利用节假日时间到过五龙山、金矿山；到过瑗河边、鸭绿江边；到过马家店草莓大棚；到过很多无名的山间田野。

目前，我们已经收集到很多有关丹东本地生物资源的资料。目前，这个课题已经小有成绩。现就课题研究情况做如下总结。

一、课题基本情况

课题名称：利用本地生物资源，开发校本教材的探索。

主持人：徐伟。

课题组成员：王文艳、刘若姝、赵淑霞、梅洪刚、李宁、刘秀昱、董晓霞、向玉海（其中的董晓霞老师和向玉海老师是在2012年9月我校与十五中学合校后加入的）。

二、准备工作与活动进展

本课题是在2012年3月提出的，并很快参与立项申请。在我们课题组的共同商讨和精心准备下，连续通过校、市两级的验收后，于2012年8月在生物组正式召开"利用本地生物资源，开发校本教材的探索"课题的开题报告会。可以说，这一课题得到了学校领导、科研处的高度重视，同时也得到教务处领导的多次亲临指导，应该说取得了一定的成绩。

自本课题立项成功以后，我们课题组成员利用每周四的教研日的时间，在一起多次商讨本课题的研究方法，并对课题组成员的工作进行具体分工。同时，制订了详细的实施计划。

先将工作总结如下：

2012年5月—2012年10月：学习相关知识和收集身边常见的生物资源——动植物、菌类等多种生物资源。①学习相关知识：这些知识包括丹东本地生物资源的有关知识和科研的有关知识。我们组全体组员利用教研日或集体备课时间，多次在一起学习有关本地生物资源的有关书籍、资料等；同时，也多次在一起学习有关科研课题的知识。②收集资料：从开题以来，我们课题组已经收集到很多丹东本地生物的资料——图片、视频。课题组的成员参与这个课题的研究都比较积极，很多时候大家都利用节假日的时间到山上、水边去收集资料，偶尔也利用没有课的时间去收集，比如，在七年级军训时间，刘若姝、李宁、梅洪刚、刘秀昱等成员就自发组织到五龙金矿附近的山上采集野生蘑菇；李宁多次到瑷河及鸭绿江边去做水生资源的调查；梅洪刚多次到五龙山等地实地考察；等等。

2012年9月以后，因为丹东十五中学与我们丹东五中合校，所以我们课题组的成员又增加了两人：董晓霞和向玉海，我们的力量更强大了。

2012年11月—2012年12月：尝试对初步收集的资料进行编辑并应用到课堂中去。

2013年3月—2013年5月：对初步收集的资料应用到课堂中进行汇总，并不断改进。同时，在"五一"以后继续收集、调查相关资料（丹东地区的生物资源——以山野菜为主），并进行汇总，不断补充、不断完善校本教材。

三、课题成果

（一）促进了课题组成员的学习意识和科研意识

在课题研究的前期，课题组大多数教师缺乏对科研课题方面的理论知识，为此，我们紧紧抓住一个"学"字，为丰富教师的知识储备，提高教师的研究能力，我们有计划、有目的地开展学习活动。

1. 课题组成员学习研究课题，结合每个成员的特长分配任务

课题立项后，我们立即将课题立项书分发给课题组各个成员，并组织大家认真学习，使每位成员对课题研究的内容、目标、重点、难点以及研究步骤有清楚的了解，做到心中有数。

2. 定期组织教师学习科研方面的材料，并进行学习讨论活动

大家都明确我们的科研就是一种源于实践、服务实践、在实践中研究的实践研究，是一种低起点、低要求、重心降低的草根研究；是一种易接受、易操作、易见效的应用研究；是一种贴近教师、贴近生活、贴近工作实际的田野研究。

通过不断学习，大家明白：我们做课题的目的是使我们老师能在"做"中学习并熟悉课题研究的基本程序和方法，逐步学会通过规范地做课题来解决实际问题，从中获得科研的归属感。

3. 组织课题组成员学习了解丹东生物资源情况

我们课题组成员分工合作，分头查找材料，了解我们丹东的生物资源情况。然后，我们再利用课堂时间对学生进行调查，了解学生熟悉的生物，然后从学生熟知的生物——山野菜、蘑菇、昆虫、经济作物等入手，进行收集资料。

通过这些工作，使我们课题组的学习风气浓厚，科研意识不断加强。在组内，经常可以看到组员对课题研究方法、进展情况、出现的问题等进行相互学习、相互交流。

正是在大家的共同努力下，我们科研组已经有了很多收获，不仅收集到大量的本地生物资源的图文资料，而且，我们科研组在2012年丹东五中的教育教学年会中被评为优秀科研组。

（二）使书本知识和生活实践有机结合，提高了教师的生活情趣

作为生物教师，我们对本专业的知识了解得比较透、比较深。但对于丹东本地生物资源情况，却只是一知半解。为此，我们不仅通过查阅资料，从书本上找，更主要的是，我们利用休息时间、没课的时间，直接到大自然中去，用眼睛、用相机，来记载着一个个活生生的生命。我们想用我们的图片资料、视频资料帮助学生了解身边的这些生物。比如，我们的成员梅洪刚多次到过五龙山及菊花山采集昆虫和山野菜，刘秀昱、刘若姝、李宁、梅洪刚到过五龙金矿去采集野蘑菇和山野菜，李宁多次到过瑷河边和鸭绿江边去收集水生生物资料，徐伟到过马家店去收集草莓和西红柿的资料，董晓霞多次到宽甸老家去采集山野菜……

这样，不知不觉，在调查和收集过程中，我们用行动使书本知识和生活实践有机结合，不仅使教师能学以致用，同时，也调动了课题组成员的积极性，提高了参与科研教师的生活情趣。课题组的老师们在参与科研的同时，更加热爱生活、贴近生活。

（三）调动学生的学习积极性，自觉形成爱身边生物的意识，增加学生爱家乡意识

我们把课题组还不成熟的成果在校本课堂中展示给学生的时候，出乎意料地得到了学生的热烈欢迎。

在生物教学中，通过利用本地的生物资源优势，挖掘可利用的教育资源，对课堂教学、教材内容与课外的教育资源进行整合，为学生创造一种开放的、宽松的、平等的、多样化的学习环境，提高学生学习生物的兴趣，进而有利于提高生物教学质量。

看到自己身边的生物，学生要深入了解的兴趣高昂，甚至有时候，学生也能结合自己的实际，给大家作详细介绍。八年七班的学生张淼开始养育柞蚕，并把蚕发育的全过程录像给同学们展示。通过这种师生互动，调动学生学习的热情，使学生自觉形成爱身边生物的意识，也增加了爱家乡意识。同时，通过介绍身边生物，也给部分学困生创造了一个展示的舞台，增强了这部分学生的自信。

在课堂中，通过指导学生联系实际，将所学知识用于周围实际生活中去，最终达到学生能积极主动参与到改造、保护环境的实际生活中去的目标，全面提高学生素质。

总之，自从"利用本地生物资源，开发校本教材的探索"科研课题实施以来，我们丹东五中生物组取得了一定的成绩。这种课程资源的开发和利用，能够使教学尽可能超越狭隘，让教学"活起来""立起来"，而且可以改变学生在教学中的地位，由被动知识接受者变为主动知识建构者。

当然，在课题实验取得进展的过程中，我们也不断地进行反思，真实地总结自己的不足，不断求得改进。在科研过程中，我们也发现，教师的"不断学习"和"不断更新"显得尤为重要和关键，这就要求生物学教师应该始终把自己业务素质和专业发展放在首位，坚持不懈地学习：向书本学习，向同伴学习，以不断充实自己、提高自己。可以说，课程资源的开发和利用为我们教师提供了巨大的发展空间。

未来的日子里，我们还将继续完善我们的课题内容。同时，我们也有个初步的想法，即鼓励学生参与到课题资料的收集中来。这样，我们的校本教材会更贴近孩子的生活，会更得到孩子们的欢迎，进而也会调动学生学习生物的热情。

"生物教学中情感态度价值观教育的
实践与探索"小课题结题报告

为了有效地在生物教学中实现情感价值教育，2015年，丹东五中生物教研组9位生物教师全部参与小课题研究——"生物教学中情感态度价值观教育的实践与探索"。为了完成这一课题的研究，大家多次进行集中探讨，并对课题组成员的工作进行具体分工。同时，制订了详细的实施计划。在学校相关负责人的关怀和支持下，经过课题组全体成员的不懈努力，我们已经取得了一定的成果，现在总结如下。

一、课题探究的主要目标

第一，帮助学生克服消极的情感态度，培养兴趣、自信、乐观、合作等积极情感态度，形成积极的学习心态和正确的人生价值观。

第二，探索实现三维目标有效整合的教学策略，把积极情感、态度与价值观目标的实现，融合在知识与技能、过程与方法的目标之中。

第三，使教师们运用先进的教育教学理念和改进传统的教学方法，转变角色，更新观念，适应新课程改革的教学新形势。

第四，以科研促教研，引领全体生物教师在教学实践中内化新课程的先进理念，学会反思、总结和探索，获得专业发展，提升职业生涯的质量。

二、课题研究的主要方法

1. 调查法：对学生进行问卷调查，摸查学生的学习心态。目的是全面了解现阶段学生情感态度与价值观情况。

2. 文献法：通过查阅有关文献资料，了解先进的教育教学理念和改进传统的教学方法，转变角色，更新观念，适应新课程改革的教学新形势。

3. 行动研究法：通过调查——学习——实践——完善——再实践的过程，提升生物教师的教学理念和教学方法，把提高学生的生物学素养落实到实际行动中。

4. 经验总结法：通过日常资料的积累，对研究过程中取得的经验、体会及时进行总结归纳，并形成课题研究的报告。

三、课题组成员

主持人：徐伟。

课题组成员：刘若姝、王文艳、赵淑霞、梅洪刚、李宁、刘秀昱、董晓霞、孟昭平。

四、课题工作的进展情况

本课题是在2015年3月被提出，并很快参与立项申请。2015年5月在生物组正式召开"生物教学中情感态度价值观教育的实践与探索"课题的开题报告会。自本课题立项成功以后，我们生物组利用每周四的教研日的时间，在一起多次商讨本课题的研究方法，并对课题组成员的工作进行具体分工。同时，制订了详细的实施计划。

先将各阶段工作情况总结如下：

2015年5月：完成调查表的设计。调查表包括对老师的调查和学生的调查两种。在教研时间，生物组全体成员分工合作，完成调查表内容的设计。调查内容主要是对学生的情感、态度、价值观等方面进行摸底。其中多为选择题，方便学生的作答和老师们的统计。

2015年6月：完成问卷调查，并对结果进行分析。通过问卷调查，摸查学生的情感、态度、价值观的特点。从调查资料的结果显示，不同学生对各科的学习持有不同的学习态度；越到高年级，部分学生对学习的态度越消极，原因主要如下：知识难度加大，有些学生的成绩越来越差，对学习失去了信心；学习不主动，缺乏积极的态度和自主探究的精神；不懂得专心听课和运用合理的学习方法提高学习的效率。结论：部分学生存在消极的学习心态，对学习比较厌倦。

2015年7月中上旬：找出问题及确定解决措施。主要总结内容：①作为教师，我们要有效地培养学生积极的情感、态度、价值观，增强学生学习的信心，培养出有知识、有个性且人格健全的新一代。②个别老师只倾心于认知技能的目标制定和实施，而忽略情感、态度、价值观目标的培养。③作为教师，我们应该认识到：学习过程应该是人的全面发展过程，不仅是学生形成知识、技能、能力的过程，更应该是学生的情感、态度、价值观的培养过程。④我们要在教学中有效地实现三个维度目标的整合，要有意识地把激发学生的学习兴趣，形成自信、乐观、意志等积极的情感态度。

2015年7月下旬—8月中上旬：学习。在暑假期间，以学习相关的教育教学理论为主。课题组成员把认为比较好的资料集中发给课题组长，课题组长收集整理，开学后组织大家在组内交流心得体会。

2015年8月下旬—9月上旬：交流学习体会，并确定课堂落实措施。通过学习交流，教师了解了学生情感、态度、价值观的特点，转变了学科本位的教学思想并认识到：在传授知识、发展能力的同时，应该重视学生学习过程的情感体验。同时，由课题组长牵头，为老师们提供相关的科研理论学习资料，使老师们对课题内涵与操作有了比较清晰的了解。经过多次的学习和讨论，老师们对课题研究工作充满热情与期待。

2015年9月下旬—2016年4月：落实到课堂，并形成总结材料。在教师的教学理念和教学方法提升的基础上，将课题研究有机融入课堂教学中，提高了课题研究的可操作性，把提高学生的生物学素养落实到实际行动中。引导学生积极参与各种教学实践活动，强化学生的学习兴趣，培养了学生积极向上的情感、活泼开朗的个性，提升学生乐于与他人合作的能力。

五、课题成果

通过一年多的努力，我们取得了一定的成果。

第一，促进了本课题组成员的学习意识和科研意识。通过大家的学习、讨论、研究，我们课题组的学习风气浓厚，科研意识不断加强。

第二，通过本课题的研究，更新了教师的教育教学观。教师们充分认识到落实三维目标的重要作用，在教育教学的实践中能自觉地尝试和实施"情感、态度、价值观"目标，并创造条件、创造机会，加强学生的体验和实践活动，促进"情感、态度、价值观"目标的达成。

第三，为生物课堂注入了勃勃生机。生物课堂呈现出朝气蓬勃、奋发向上的新面貌，老师的教学热情和学生的学习热情都得到增强。课堂真正成为学生锻炼、表演、活动的场所，成为学生探索的乐园、创造的舞台、知识和能力生成的空间，洋溢着学生的快乐情趣和生命活力。

第四，发展了学生的综合能力。通过本课题的研究，给学生带来了明显的变化：学习生物的兴趣变浓，做事更专注，思维更活跃，合作探究的积极性增强，实践尝试更踊跃；学生的学习能力和动手能力也有了明显提高。

六、反思

对我们组来说，小课题研究已经成为常态，课题组成员认为课题研究不再如当初那样难了。主要原因如下：一是经过多年的课题研究，我们已经掌握了一定的课题研究方法；二是我们组所进行的课题研究，选题特别贴近教育教学实际。我想，只要小课题能真正与实际课堂教学相结合，那么小课题研究就有价值。

　　"生物教学中情感态度价值观教育的实践与探索"课题的研究目前取得了一定的成果，但还只是停留在较为浅显的层次，还需要在以后的实践中进一步深化。

　　个别教师参与本课题研究的积极性尚待进一步提高，潜力尚待挖掘。客观原因可能是因为学校教学任务比较重，没时间进行小课题研究；主观原因可能是对课题研究意义认识得还不够全面。

　　本课题研究的理论与实际结合点还需要多次论证。在实践中，我们发现常常出现结合点把握得不够理想的情况。这就需要我们进一步加强理论学习，同时，我们还要及时把实践中的收获和体会做好记录和总结。

　　"情感态度价值观教育的实践与探索"不能仅是生物学科老师的行为，而应该是全体教师的行为。应该在所有学科中强调和落实，让情感教育在每一个学科、每一节课堂都有所体现，只有生物学科来落实是远远不够的。

　　总之，本课题研究我们取得了一定的成果，但还存在很多问题。在今后的研究中，我们还需不断深入，向更深的层次延伸，形成具有现实性、指导性、可操作性的教学模式。

"思维导图在生物课堂教学中应用的研究"
小课题结题报告

为了有效地提高生物课堂教学效率，2017年，丹东五中生物教研组九位生物教师全部参与小课题研究——"思维导图在生物课堂教学中应用的研究"。为了完成这一课题的研究，大家多次进行集中探讨，并对课题组成员的工作进行了具体分工，并制订了详细的实施计划。在学校相关负责人的关怀和支持下，经过课题组全体成员的不懈努力，我们已经取得了一定成果，现在总结如下。

一、课题探究的主要目标

第一，引导教师利用思维导图来尝试改进课堂教学设计，帮助教师形成清晰的知识脉络，争取每节课的板书都能用思维导图展示出来，进而提高教师的讲课效率。

第二，帮助学生利用思维导图分析生物学习的思维活动。通过思维导图帮助学生确定因果关系、区分概念的层级次序、组织概念之间的联系，提高学生对知识的理解，帮助学生掌握正确有效的学习方法策略。

第三，课堂中，利用师生共同制作思维导图促进教学过程的互动，进而突出学生的主体地位以及教师的主导作用。

第四，通过课堂教学活动，使学生熟练地掌握思维导图的画法，并指导学生将思维导图应用于记课堂笔记、单元复习、总复习中，进而提高学习效率。

二、课题研究的主要方法

1. 调查法：对学生进行生物课堂学习效率调查，摸查学生的学习心态及学习方法，全面了解学生在生物学习方法中存在的主要问题。

2. 文献法：通过查阅有关文献资料，了解先进的教育教学理念和改进传统的教学方法，对思维导图这种高效的学习工具进行系统而全面地学习。

3. 行动研究法：通过调查—学习—实践—完善—再实践的过程，提升生物教师的教学理念和教学方法，帮助学生熟练掌握思维导图的绘制方法，并指导学生将思维导图应用于课堂笔记及复习笔记的整理中。

4. 经验总结法：对研究过程中取得的经验、体会及时进行总结归纳，形成课题研究的结题报告。

三、课题组成员

主持人：徐伟。

课题组成员：刘若姝、王文艳、赵淑霞、梅洪刚、李宁、刘秀昱、董晓霞、孟昭平。

四、课题工作的进展情况

本课题是在2017年4月提出的，并很快参与立项申请。2017年5月在生物组正式召开"思维导图在生物课堂教学中应用的研究"课题的开题报告会。自本课题立项成功以后，我们生物组利用每周四的教研日的时间，在一起多次商讨本课题的研究方法，并对课题组成员的工作进行了具体分工，并制订了详细的实施计划。

先将各阶段的工作情况总结如下：

2017年5月：完成对学生学习生物学效率存在问题的调查。在教研时间，生物组全体成员分工合作，完成调查表内容的设计。调查内容主要是对学生生物学学习方法进行摸底。其中多为选择题，方便学生的作答和老师们的统计。

2017年6月：完成问卷调查，并对结果进行分析。通过问卷调查，发现很多学生对于生物学的学习还是停留在肤浅的机械性记忆上，没有掌握有效的学习方法和复习方法，也缺乏学习生物学的技巧。在很多学生看来，生物课就是死记硬背，导致很多学生不喜欢生物课，这也是生物学课堂效率、生物成绩也难以提高的主要原因。

2017年7月中上旬：找出问题及确定解决问题的措施。主要内容：①生物学科常常被称为理科中的"文科"。就是说这门学科既需要学生理解，也需要学生记忆。可以说，这门学科既需要清晰的思路，又需要很大的脑容量去记忆知识。作为生物教师，我们应该深刻地认识到：我们最重要的任务不是教孩子去记忆多少知识，而是传授好的学习方法。只有当学生掌握了好的学习方法，学会自己去思考的时候，他们才能有自己的思维和想法，学习的过程才会充满乐趣，才会有创新。②思维导图是一种极具创造性、有效的记笔记的方法，能够用文字将你的想法"画"出来，它可以把一串枯燥的信息变成彩色的、容易记忆的、有高度组织性的图形，思维导图与我们大脑处理事物的自然方式相吻合，可以使大脑潜能得到最充分的开发，从而极大地激发学生的创造性思维能力。③教师利用思维导图来设计板书内容，可以用统一的方式方法将生物复杂的逻辑思维问题可视化、简单化，可以帮助我们教师快速有效地将本节课知识进行梳理，一目了然。同时，思维导图又可以帮助学生以直观形象的方式表达知识结构，能有效呈现思考过程及知识联系，引导学生进行知识构建，加深对知识的理解，从而提高学习效率。基于此，需要教师进行全面学习，对思维导图的价值、作用及制作方法等要全面掌握。④学生采用思维导图的方式来学习生物学知识，不但有利于对每节课知识的掌握，同时更有利于对每个单元知识点的整体把握，摸清知识脉络。这样有利于快速掌握知识体系以及各知识点之间的联系，提升思维逻辑。学生通过使用思维导图能把学习的知识更好地融会贯通，培养兴趣，发展好奇心，从而提高学习能力，促进主动学习和自我成长，生物课堂效率自然也会起到事半功倍的效果。但是，需要生物教师利用生物课堂对学生进行设计思维导图方面的训练。

2017年7月下旬—8月中上旬：暑假期间，教师以微信群的形式来学习与思维导图相关的教育教学理论及相关制作技能，并把自己学习中认为比较好的心得体会、相关资料、有关软件等发到微信群与大家共享，大家在微信群中共同探讨、共同提高。

2017年8月下旬—9月初：教师结合学习内容，尝试在教学设计中采用思维导图设计板书内容。通过组内老师们的共同学习和交流，教师们对思维导图有了比较全面的了解，同时也激发了教师们制作思维导图这项技能的兴趣，大家开始在教学设计中纷纷采用思维导图来设计板书内容。虽然刚开始的设计非常简单、图案也比较单调，但我们的确是在实实在在地落实在行动中。在我们的集体备课中，不再是主要备课人一个人在讲解，经常可以听到大家的辩论声，甚至有时为了一个设计细节，争论很长时间。逐渐地，讨论的重点不再是如何设计更美观，而是如何设计内容更合理。这样，备课的重点逐渐地转移到了生物知识点之间的内在联系。教师们在讨论中也逐渐加深了对生物知识的内在联系的理解。

2017年9月初—2018年7月：落实到课堂，并形成总结材料。在教师的教学理念、教学方法、教学技能提升的基础上，将课题研究有机融入课堂教学中，提高了课题研究的可操作性。在课堂中，我们把思维导图引入到生物教学中，极大地激发了学生的兴趣。逐渐地，学生们也开始尝试在课堂上用思维导图来设计听课笔记，来整理知识点。教师通过引导学生以小组为单位的形式设计思维导图，其实就是引导学生完成对知识构建的过程。在知识构建过程中，学生通过思维碰撞、"头脑风暴"，形成了对知识的整体结构的把握，加深了对知识深层次的理解。学生通过亲自设计思维导图，使知识内容更为直观、更易理解、便于记忆。教师通过思维导图的形式设计板书内容，有助于帮助学生厘清一些概念上的层次关系，有助于学生突破难点。

五、课题成果

通过一年多的努力，我们取得了一定的成果。

第一，促进了本课题组成员的学习意识和科研意识。通过大家的学习、讨论、研究，我们课题组的学习风气浓厚，科研意识不断增强。

第二，通过本课题的研究，更新了教师的教育教学观，也提高了教师们的教学技能。教师们通过调查—学习—实践—完善—再实践的过程，真正落实了终身学习的理念。在学习研究中，教师们不仅增加了对生物知识的内在联系的理解，同时也提高了研究兴趣，逐渐地走出了职业倦怠的沼泽地。有句话说得好：要让自己对所从事的职业不感到倦怠，除了要有责任感，还要不断地创新，不断地进步。

第三，教师的板书以思维导图形式设计，利用图文并茂的技巧，不仅使学生对一节课的内容形成一个完整的知识框架，还有助于学生形成较为系统的知识体系；对教师来说，也会使整个教学过程和流程设计更加系统化、科学化，也是一次资源整合的过程。

第四，教师通过引导学生以小组为单位的形式来设计思维导图，培养了学生的交流合作能力以及创新能力。在章节复习的时候，学生通过利用自己所学知识设计思维导图，能清晰地展现知识之间的内在联系，厘清知识脉络，来构建自己的知识体系。

第五，生物课堂呈现出朝气蓬勃的新面貌。课堂真正成为学生小组合作、自主探究的场所，以及探索的乐园、创新的舞台、知识和能力生成的空间，时时焕发出无限活力。

第六，思维导图给生物教学带来的便捷与成就，初步实现了课程标准中所提倡的"学生是学习的主体"，在潜移默化中培养了学生的自主学习能力、动手能力、创新能力。可以说，通过本课题的研究，给学生带来了明显的变化：学习生物的兴趣浓了，做事专注了，思维活跃了，合作探究的积极性增强了，实践尝试踊跃了，敢于张扬个性了。

六、反思

进行课题研究已经成为我们课题组的常态，我们不再感觉到课题研究很难了。因为经过多年的课题研究，我们已经掌握了一定的课题研究方法，我们组所进行的课题研究，选题与教育教学关联紧密。课题研究能真正与实际课堂教学相结合，极具应用价值。

"思维导图在生物课堂教学中应用的研究"这个课题的研究目前取得了一定的成果，但还只是停留在较为浅显的层次，还需要在以后的实践中进一步深化。教师们在工作中的潜力还有待进一步发挥。

本课题研究的理论与实际结合点还需要多次论证。在实践中，还需要我们进一步加强理论学习和设计思维导图技能方面的学习，同时，我们还要及时把实践中的收获和体会做好记录和总结。

思维导图作为实现可视化学习的一种工具，能把枯燥的文字信息变为彩色的、容易记忆的、有高度逻辑化的信息，使左右脑协同作用，充分发挥大脑的潜能，大大提高课堂效率。所以，我们认为"思维导图在生物课堂教学中应用的研究"不能仅落实在生物课堂中，还应该落实在各科的课堂教学中。

总之，本课题研究虽然我们取得了一定的成果，但不能忽视还存在很多问题。在今后的研究中我们还需要再接再厉，形成具有现实性、指导性、可操作性的教学模式。

附：教师设计的思维导图

人教版生物（八下）思维导图

第七单元　生物圈中生命的延续和发展

第一章　生物的生殖和发育

第一节　植物的生殖

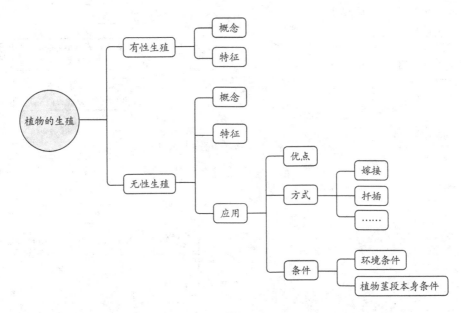

第二节　昆虫的生殖和发育

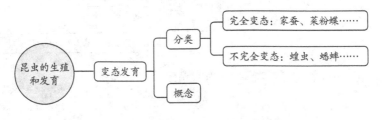

第三节　两栖动物的生殖和发育

第四节　鸟的生殖和发育

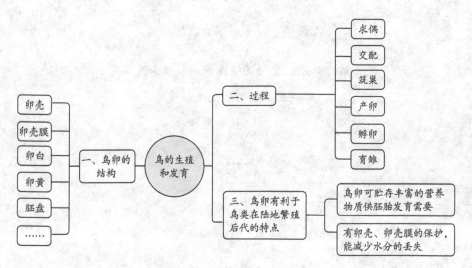

第二章　生物的遗传和变异

第一节　基因控制生物的性状

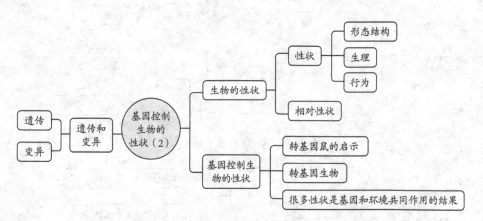

第二节　基因在亲子代间的传递

第三节 基因的显性和隐形

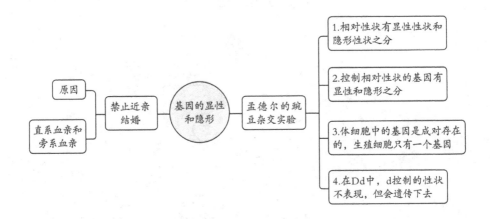

第四节 人的性别遗传

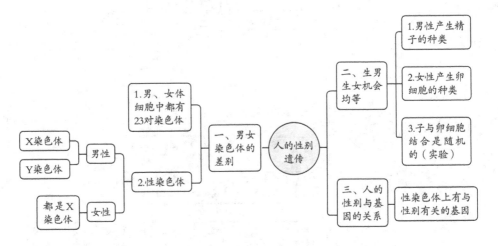

第五节 生物的变异

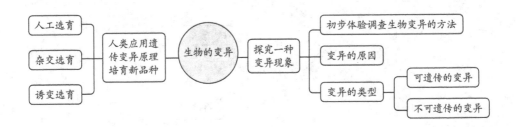

第三章　生命起源和生物进化
第一节　地球上生命的起源

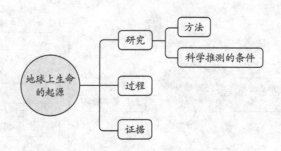

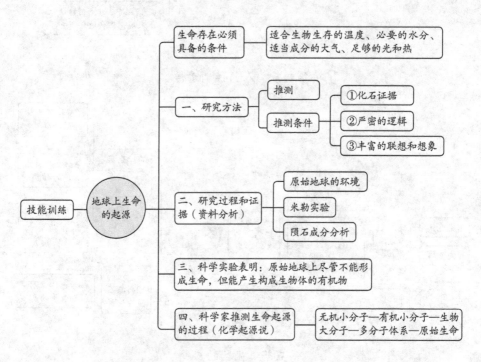

第二节　生物进化的历程

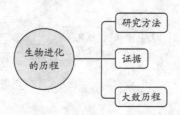

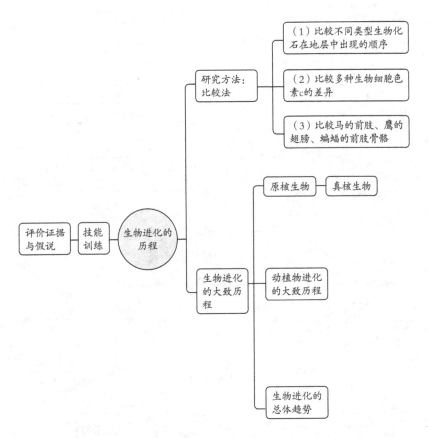

第三节 生物进化的原因

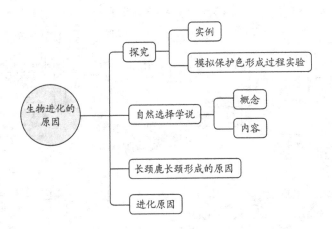

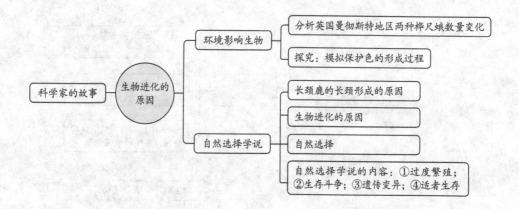

第八单元　健康地生活

第一章　传染病和免疫

第一节　传染病及其预防

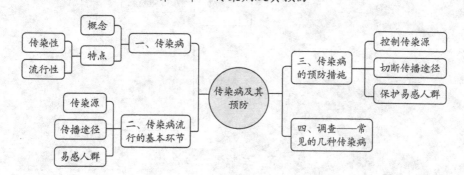

第二节　免疫与计划免疫

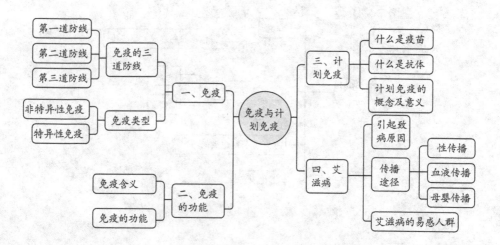

第二章　用药与急救

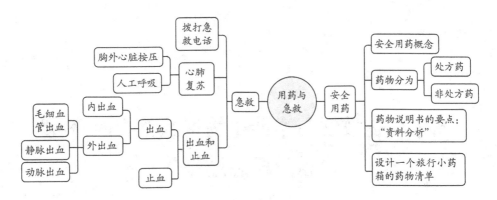

第三章　了解自己，增进健康

第一节　评价自己的健康状况

第二节　选择健康的生活方式

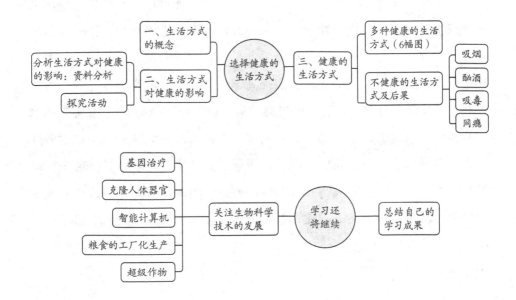

"初中生物教学与本地生物资源整合的研究" 课题阶段总结报告

　　为了切实推行素质教育，培养学生的个性发展，提高学生观察、调查的能力，培养学生学会利用身边的资源获得新知。丹东五中生物组的全体成员着手尝试开发一本有关本地生物资源的校本教材。我们知道，校本课程是基础教育课程改革的重要组成部分，是实施素质教育的有效途径。对于一个城市的中学生来说，生活经验是比较缺乏的。通过结合本地生物资源来开发校本教材，不仅可以帮助学生了解我们家乡的生物资源，把爱我家乡落到了实处；同时，通过对身边资料的了解，可以激发学生的兴趣，激发学生积极主动参与探究的热情，能提高学生的观察、调查、探究的能力，有利于激发学生对学习生物学的兴趣。从2017年9月开始，丹东五中生物组开始着手研究这个课题，刚开始我们准备申报校级小课题。后来在教务处主任的鼓励和支持下，我们申报了省级课题并开始了立项准备。后来，申报省级课题成功，并完成了开题报告。通过一年多的研究与实践，在五中领导的多次指导和关怀下，在课题组全体成员的努力下，我们取得了一些成果。

一、课题的提出

新课程所倡导的一个重要理念就是，课程要向现实生活回归，让学生在自己所生活的、熟悉的环境入手来进行学习。我们知道，如果课程远离学生的生活，那只是一些抽象知识和概念的堆积，学生就不能、也不可能进行有意义的学习。所以，这要求我们生物教师不仅能"教教材"，而且要尽可能"用教材"。生物学科是一门源于实践、植根于生活实际的自然科学，具有极强的实践性。然而，现在绝大部分中学生越来越远离生产实践，缺乏对常见生命现象的感性认识，造成他们对中学教材中抽象的生命本质规律理解的困难，长此以往形成恶性循环，就会使这部分学生对生物学科产生厌烦情绪。

生物校本课程的开设作为对现有课程资源的补充和延伸，可以更具针对性地在学生们中间开展一种更"接地气"的课堂形式，带领学生贴近生活，参与实践，让教材中的"死知识"与学生的"活经验"相结合。生物学教学中，提高学生生物科学素养的途径很多，立足当地生物资源优势，充分利用学生身边看得见、摸得着的实例不失为最佳途径之一。

二、课题探究的主要目标

"一切为了学生的发展"是我们基础教育课程改革的最高理念。《义务教育生物学课程标准（2022年版）》（以下简称《课程标准》）中提出新的教学理念，即"面向全体学生，提高生物科学素养，倡导探究性学习"，其中对于生物科学素养的培养成为此次课程改革的核心任务。学生未来发展的多元化提示我们，中学生物课程能够并且应当使学生终身受益的，不是只有生物学专门人才需要的专业知识，而是影响他们世界观、人生观和价值观的生物学思想观念。中学教育是打基础的教育，生物课教学活动必须坚持素质教育这个主旋律，培养学生科学素养，为学生终身学习、工作和生活打下坚实的基础。因此，我们通过课题研究并努力成功地开设一门生物校本选修课程，既是对新的教学理念的有效执行，又是充分体现学科特色，提高学生生物科学素养的绝佳途径。

三、课题研究的主要方法

1. 调查法：课题组教师深入到乡村山野，调查本地常见的生物资源。深入课堂了解目前学生对这方面知识的兴趣及需求。

2. 文献法：通过查阅有关文献资料，了解本地有特色的生物资源，了解目前其他地区或学校对这个课题曾经的研究成果和方法。

3. 行动研究法：通过收集—开发—实践—完善—再实践的过程，提升生物教师的课程开发意识，将课题研究有机融入课堂教学中，提高课题研究的可操作性，把提高学生的生物学素养落实到实际行动中。

4. 经验总结法：重视日常资料的积累，对研究过程中取得的经验、体会及时进行总结归纳，着手编写校本课程，并形成课题研究报告。

5. 实验法：把我们编写的校本课程落实到课堂中去，深入课堂了解学生的反应状况。

四、课题组成员的基本情况

主持人：徐伟。

课题组成员：孙怀东、付翠光、张辉、刘若姝、梅洪刚、李宁、董晓霞、闫丽坤、李文广、沈文霞。

五、课题探究的主要措施

课题组的生物教师分工合作，以调查本地常见的山野菜、蘑菇、鸟、鱼等为主，从丹东地区的常见的生物着手调查，让学生认识身边的生物，激发学生的兴趣，提高学生的生物素养。

具体实施的方案：全组教师根据自己的兴趣爱好，结合当地生物资源，自由选题。然后，教师利用业余时间做好本地生物资源的调查，通过调查、参观、观测、收集资料等方式，分析问题、研究问题、解决问题，交流展示各自的研究成果。同时，教师发动学生收集资料，然后分专题编写校本教材，再展示给学生，激发学生学习生物学的热情，提高学生的生物素养。比如，我们的课题组成员梅洪刚老师多次到五龙山及菊花山采集昆虫和山野菜，李宁、刘若姝、梅洪刚等老师多次到五龙金矿山去采集过野蘑菇和山野菜，李宁老师多次到瑷河边和鸭绿江边收集水生生物资料，徐伟老师到马家店收集草莓和西红柿的有关资料，董晓霞老师多次到宽甸老家采集山野菜的有关资料……

我们用实际行动为课题研究积累了大量的图文资料，用行动使书本知识和生活实践有机地结合起来。

六、课题的准备工作

本课题是2017年9月提出的，并立即参与立项申请。在我们课题组的共同商讨和精心准备下，连续通过校、市两级的验收后，于2017年9月末在生物组正式召开"初中生物教学与本地生物资源整合的研究"课题的开题报告会。可以说，这一课题得到了学校领导、科研处的高度重视。

自本课题立项成功以后，我们组利用教研日多次商讨本课题的研究方法，并对课题组成员的工作进行具体分工，并制订了详细的实施计划。同时，我们组全体成员多次集中对这个课题进行分析、辩论、探讨。在多次商讨、共同学习的基础上，我们进一步明确了我们的科研方向、方法、手段、成果的呈现方式等。

七、课题研究的分工及课题研究的步骤过程

（一）具体分工

徐伟：对各个成员收集到的材料进行整理、编排、汇总，并最终形成研究报告。

孙怀东：收集身边常见的花草树木资料，并参与编写校本教材。

刘若姝、董晓霞：收集身边常见的山野菜资料，并参与编写校本教材。

闫丽坤：收集身边常见的鱼类资料，并参与编写校本教材。

李宁：收集常见除鱼类以外水生生物资料，并参与编写校本教材。

付翠光：收集身边常见的蘑菇资料，并参与编写校本教材。

梅洪刚：收集身边常见的昆虫资料，并参与编写校本教材。

李文广、沈文霞：负责课题的指导和监督工作。

（二）步骤过程

2017年9月—2018年2月：学习相关知识和收集身边常见的生物资料。①学习相关知识：这些知识包括丹东本地生物资源的有关知识和如何进行科研课题的有关知识。我们组全体组员利用教研日或集体备课时间，多次在一起共同查找和学习有关本地区生物资源的知识；同时，也多次在一起学习有关科研课题的知识。②收集资料：从开题以来，我们课题组已经收集到很多丹东本地生物的资料，其中包括图片、视频等。课题组的成员都比较热情参与这个课题的研究，很多时候大家都利用节假日的时间到山上、水边去收集资料，偶尔也利用没有课的时间去收集。

2018年3月—2018年4月：尝试对收集的资料进行分类整理，并尝试对资料进行编辑。

2018年5月—2018年8月：课题组成员利用节假日期间继续到周边调查本地常见的生物资源，并收集有关资料，尝试着手编写校本课程。

2018年9月—2018年10月：继续补充完善校本课程的有关内容，并把校本课程落实到课堂中。教师观察、记录学生的反应情况。

2018年10月—2018年11月：着手完成课题的总结报告。课题组的每个成员都要把自己参与课题研究的整个过程中的所得、所思、所悟以文字形式表述，进行汇报。课题的负责人要完成总结报告。

八、课题研究的成果

（一）促进了本课题组成员的专业成长

教师在科研过程中会遇到多种困惑，这些困惑的解决可以通过学习、交流以及借鉴其他优秀教师们的经验。在课题研究中，我们会不断面临许多新问题，有些经验能够借鉴，而有些问题并没有系统的、完善的经验供我们参考，为了解决这些问题，就需要我们教师不断学习，有目的地进行课题研究，从而促进课题组教师在专业方面的成长。

（二）调动教师"教"和学生"学"的热情

通过对本地生物资源的开发和利用，增强了初中生物学教学的实践性、直观性、趣味性，不仅调动了教师"教"的热情，也促进了学生"学"的热情。同时，使学生提高了学习生物的兴趣，提高了课堂学习的效率，也增强了生物学科素养。

（三）培养了学生们的观察能力

观察法是学生学习生物学的基本方法之一。

我们把课题组还不成熟的成果在校本课堂中展示给学生的时候，出乎意料地得到了学生的热烈欢迎，有的学生也尝试着利用手中的电子产品来记录身边一些生物的生活习性及特点。比如，有个叫张淼的同学，用摄像机全程记录了蚕蛹羽化成蛾的过程，当他把他的成果在课堂中通过多媒体展示给全班同学的时候，受到了同学们的热烈欢迎。而他通过这次展示，对生物的学习兴趣大大提高，同时也收获了一份自信。

学生通过独立观察，调动了学习热情，并自觉形成爱身边生物的意识，也增强了爱家乡的意识。

（四）编写的校本课程《身边的生物》，成为一本优秀的课程资源

正如我对这本校本教材的介绍中所写的那样：

《身边的生物》——这本校本教材编写的初衷就是倡导学生要走出校园，要"在做中学"。通过了解家乡的这些常见的生物，不仅能激发学生学习生

物的兴趣，同时也能帮助学生学以致用，比如认识了常见的山野菜，能分辨出常见的可食蘑菇和毒蘑菇……进而也帮助学生把"了解家乡、热爱家乡"落实到行动中去。

为此，丹东五中的全体生物教师，从学生熟知的生物——山野菜、蘑菇、昆虫、经济作物等入手，进行资料收集，分工合作。他们不仅从书本上、从网络上查阅资料来获取知识，更主要的途径是常常利用休息时间、空课时间，亲身到大自然中去，用眼睛、用相机，来记录着一个个活生生的生物。他们想用他们的图片资料、视频资料让学生增加感性认识，帮助学生了解身边的这些生物。这样，不知不觉中，他们用行动使书本知识和生活实践有机结合起来。这样，课题组成员科研意识增强了，同时，提高了积极性，提高了生活情趣。

可以说，此次课题研究，完成了我们开题时预设的目标，即：开发了一套有关丹东地区生物资源的校本教材，使之成为我们学校的特色校本课程。由于学生对身边生物加深了了解，使学生对生物增加了很多感性的认识，加深了学生对我们的生物课堂的喜欢，进而也提高了学生的生物学科素养。

除此之外，我们在研究这个课题的过程中，还增加了新的收获。比如，我们课题组成员通过参与野外生物资料的调查和收集，增添了一份新的生活情趣——野外生物标本的采集与制作；我们的学生在学习校本课程中，也增加了研究意识，也开始关注和记录身边的生物，不知不觉，他们学习生物学的能力也在不断提高。

（五）丰富学校生物社团的内容，促进生物社团的健康发展

在丹东五中丰富多彩的社团活动中，活跃着一支富有特色的社团，它就是——我们生物组负责的"红蜻蜓社团"。

红蜻蜓社团前身是生物课外活动兴趣小组。在丹东五中生物组老师们的辛勤耕耘下，逐渐形成了五中校园中一道亮丽的风景。红蜻蜓社团的主要负责人是我们课题组的梅洪刚老师。梅洪刚老师非常喜欢钻研，善于琢磨，勤于动手。在业余时间，梅洪刚老师走遍丹东数十处山林河流，调查和采集制作了3000余件、700余种昆虫标本。为了便于保存和展示，在校领导的大力支持下，梅洪刚老师还制作了一个大型展品——被我们命名为《昆虫之窗》。

为了更好地调动学生参与红蜻蜓社团活动的积极性，也为了更好地促进社团的发展，使社团工作能再上一个高度，红蜻蜓社团每学期都进行一次特殊的社团常规活动——家长开放日活动。通过这个活动，让家长参与到自己孩子的社团活动中来，和他们一起学习，一起成长，一起感受。

可以说，通过本地生物资源的调查、采集，进一步拓宽了学生的活动思路，让学生们在感受自然科学、亲近大自然的同时，对学校的校园文化也有了更深刻的认识。社团活动不仅能激发学生的学科兴趣，对常规课堂教学也是一种补充。但对我们教师来说，却是一种挑战。因为这对教师的个人素质、知识结构有了更深更高的要求。这也要求我们教师要有终身学习的理念，不断学习，不断反思，不断提高，不断完善自己。

九、有待思考的问题

在整个课题研究过程中，我们也碰到了许多困惑的问题。比如，我们在研究过程中，对很多生物也不了解，同时也缺乏有关丹东地区生物资源这方面的书籍；再比如，这个课题需要课题组成员到野外去收集相关资料，那应该确定什么时间去呢？应该是上班时间还是休息日去？这算不算是工作量呢？再比如，校本课程开发出来以后，怎样才能与生物课搞好衔接？教师编写校本课程中，能不能也吸引一部分有生物特长的学生或家长参与进来呢？对这部分学生应该如何确定鼓励机制呢？……

总之，通过我们课题组全体成员的共同努力，我们的课题取得了一定的成果。我们编写的校本课程，不仅给学校注入了新的文化底蕴，也给学生带来了无尽的乐趣，提高了学生的生物学素养。由于各种条件的限制，我们依然面临着许多困难，但我们相信：在各位领导的关心、支持和帮助下，在大家的共同努力下，我们课题组的课题研究会再上一个新台阶，会取得更多的成果。

附1：校本教材《身边的生物》（节选）

第一节　草　莓

同学们，大家都吃过草莓吧？你们知道全国最大的草莓生产基地是哪里吗？今天我们就来认识一下我们家乡的特产——草莓。

一、认识草莓

草莓属于多年生草本植物。它的外观呈心形，鲜美红嫩，果肉多汁，含有浓郁的芳香。

中文学名	草莓
拉丁学名	Strawberry
别称	洋莓、地莓、地果、红莓等
界	植物界
门	被子植物门
纲	双子叶植物纲
目	蔷薇目
科	蔷薇科
属	草莓属
种	草莓

二、草莓的营养价值

草莓是一种经济价值较高的红色的小浆果。草莓的果实中除含糖、酸、蛋白质外，还含有丰富的磷、铁、钙等矿物质和维生素C。果实除鲜食外，还可制成草莓酱、草莓酒、速冻食品等。

三、丹东的草莓

草莓果实色泽鲜艳，柔软多汁，具有香味，深受中外消费者欢迎。在世界各国的小浆果生产中，草莓的产量及栽培面积一直居于首位。

我们丹东的东港拥有全国最大的草莓生产基地，是全国优质草莓生产基地和无公害农产品（草莓）生产基地。这些产地大都集中在东港的龙王庙、黄土坎、孤山一带。由于丹东水土好，所以丹东的草莓品质优异。

同学们，你们知道我们常见的草莓都有什么品种吗？请小组讨论一下吧。

四、图片欣赏

2018年4月初，老师们和几个朋友一起到东港马家店去参观了几个草莓大棚，请大家一起欣赏几个图片。

　　同学们，你参观过草莓大棚吗？如果参观过，能否把你的收获拿来和大家分享呢？（文中图片摄于东港马家岗，徐伟摄）

第十二节　谨防误食毒蘑菇

丹东属暖温带亚湿润季风型气候，是东北地区降水量最多的地区，占辽宁省降水量的70%，全年降水量的2/3集中在夏季。丹东的气候特别适合野生蘑菇生长，城乡居民素有食用野生蘑菇的习惯，常出现居民误食野生毒蘑菇中毒事件。

全世界毒蘑菇大约在250种以内，据卯晓岚《毒蘑菇识别》中记载，国内已发现毒蘑菇有183种，其中能致死的近30种，如褐鳞小伞、白毒伞、鳞柄白毒伞、毒伞、残托斑毒伞、毒粉褶伞、秋盔隐伞、包脚黑褶伞、鹿花菌等。丹东地区有可致人死亡的毒蘑菇大约10种，如白毒伞、褐柄白毒伞、毒伞等。有些毒蘑菇与可食用蘑菇外形相似，极易发生误食中毒。

一、丹东常见毒蘑菇

毒蝇伞也是鹅膏科鹅膏属，因为能够毒死苍蝇而得名。它很漂亮，许多画家画林中的蘑菇时爱画它。吉林省有人叫它笑菌，因为它的毒是神经性毒素，中毒者会不停地笑。此菌五龙山上就有。它易被误认为红菇，注意毒蝇伞菌盖上有白点，大多有白点的你最好不要采摘。

白毒伞是一种极毒的蘑菇，为强调它的毒性，也称其为致命白毒伞。形态：菌体幼时卵形，后菌盖展开成伞状，白色。菌盖直径4—7cm，凸镜形至平展形，白色，但中部为奶油色。菌肉白色。菌褶白色至近白色，较密。菌柄长7—9cm，粗0.5—1cm，近圆柱形或略向上收细，白至近白色，基部膨大，近球形。菌环生于菌柄顶部或近顶部，薄，膜质，白色，不活动或在菌盖张开时从菌柄撕离。菌托薄，膜质，内外表面为白色。

二、如何识别

总体来说，丹东地区的可食用蘑菇种类要多于毒蘑菇，去野外采蘑菇一定要有懂行的人陪同，防止将不熟悉的有毒蘑菇采回来。去市场采购野生蘑菇时，尽量不买杂蘑，因为极易混入毒蘑菇。总之，宁肯少采点，少吃点，也不要冒险尝试。

以下采摘蘑菇注意事项仅供参考：

（1）看生长地带。可食用的蘑菇多生长在清洁的草地或松树、栎树上，有毒蘑菇往往生长在阴暗、潮湿的肮脏地带。

（2）看颜色。有毒蘑菇菌面颜色鲜艳，有红、绿、墨黑、青紫等颜色，特别是紫色的往往有剧毒，采摘后易变色。

（3）看形状。无毒蘑菇的菌盖较平，伞面平滑，菌面上无轮，下部无菌托。有毒的菌盖中央呈凸状，形状怪异，菌面厚实板硬，菌秆上有菌轮。

（4）看分泌物。将采摘的新鲜野蘑菇撕断菌秆，无毒的分泌物清亮如水（个别为白色），菌面撕断不变色；有毒的分泌物稠浓，呈赤褐色，撕断后在空气中易变色。

（5）闻气味。无毒蘑菇有特殊香味；有毒蘑菇有怪异味，如辛辣、酸涩、恶腥等味道。

（6）测试。在采摘野蘑菇时，可用葱在蘑菇盖上擦一下，如果葱变成青褐色，证明有毒；反之则无毒。

以下为专家对民间流传说法的分析，仅供参考：

"颜色鲜艳的，或外观好看的蘑菇有毒"。这"鲜艳"和"好看"本身就没有具体绝对的标准。事实上，色彩不艳、长相并不好的肉褐鳞小伞、秋盔孢伞等却极毒。毒蝇伞很漂亮，不少蘑菇艺术品都是以它为原型创作的，它的确有毒。但是，同样很漂亮的橙盖鹅膏，却是著名的食用菌。广东毒性最大的致命白毒伞是纯白色的，许多人却误认为它无毒。

"不生蛆、虫子不吃、味苦、腥臭的有毒"。实际上，著名毒菌——豹斑毒伞却常常被蛞蝓摄食，不少有毒种类也可以生蛆。

"与银器、大蒜、米饭一起炒或煮后变黑色的有毒"。这种错误流传甚广，实际上蘑菇毒素不会与银器发生反应，这实为臆测的谬传。

"受伤变色、流汁液者有毒"。其实这并不绝对，像松乳菇、红汁乳菇受伤处及乳汁均变蓝绿色，却是味道鲜美的食用菌。

"菌盖上有疣、柄上有环和菌托的有毒"。虽然这类菌有毒种类的比例较大，但也并非绝对如此。许多毒菌并无独有的特征，例如，外观很平常的毒粉褶蕈就很毒。

三、误食后如何急救

野生毒蘑菇又称毒蕈，急性毒蕈中毒往往来势凶险，表现多样，变化快，且缺乏特效的解毒剂，易导致多脏器功能损害，甚至死亡。所以，食用野生蘑菇一定要注意辨别，一旦出现异常症状，要及早救治。

食用毒蘑菇后一般10—30分钟后发病，出现恶心、呕吐、剧烈腹泻和腹痛等症状，可伴多汗、流口水、眼泪、脉搏细弱等表现，可有黄疸、贫血、出血倾向等体征，少数患者发生谵妄、呼吸抑制，甚至昏迷、休克死亡。

一旦出现中毒症状，应该马上拨打急救电话，并保留毒菌样品供专业人员救治参考；一旦发现毒蘑菇中毒，应该立刻让中毒者大量饮用温开水或稀盐水，然后把手指伸进咽部催吐，以减少毒素的吸收。为防止反复呕吐发生的脱水，最好让中毒者饮用加入少量食盐和食糖的"糖盐水"，以补充体液的流失，防止发生休克。对已发生昏迷的患者不要强行向其口内灌水，防止窒息，应为患者加盖毛毯保温。

附2：课题研究过程

课题组在研究

课题组在讨论

深入到校本课程的课堂中

学生展示其拍摄的蛹的羽化过程

课题组成员到五龙金矿山调查生物资源

徐伟老师在草莓大棚里

附3：课题组成员梅洪刚老师的一段感悟

拥抱自然，让生物学习充满兴趣

——记于昆虫探究课题小结

做了多年的生物老师，常常有着这样的经历，当我们怀着对本职业的满腔热爱投入到教学中去，却发现学生对生物学习提不起兴趣。很多学生根本感受不到探究那些常见的自然知识的乐趣。对于老师的启发和提问，他们那种麻木的表情最终使师生互动的美好设想成了老师的一言堂。

大自然对于这些孩子们来说是陌生的，他们有限的科学知识大多来自电视和几本课外书，因为，他们离大自然已经太远了。

最好的教育是让学生乐于接受的教育，而学习的关键在于兴趣。身为一名教育者，我希望学生们能多了解大自然，在接触大自然、热爱大自然的同时，去学习大自然。在现有的教育条件下，我没有能力把学生们带回到大自然中去，那么，就尝试着把大自然带到孩子们身边吧！

采花扑蝶，是每个童年里最美好的记忆。昆虫，具有分布广泛、种类繁多、和人类关系密切等特点，是生活中最易接触的生物类群。忘不了孩子们看到各种美丽生物时那种惊叹和好奇，由此，我确定了努力掌握昆虫学的有关知识，并最终创建一套有昆虫学意义的标本室的志愿。

我曾经研习过鸟类、哺乳类等动物的标本制作，但昆虫标本的制作却属于全新课题。从配置各种专业工具，了解昆虫的分类和基本构造，再到制作标本相关的美学展示和色彩搭配，以及相应的一些化学药物的使用，如同考验我的意志和能力的一道道难关，层出不穷。当我渐渐地对各种昆虫的标本制作了然于心时，却发现更大的困难是如何采集到那些稀少和习性特殊的昆虫。有人见到半夜里徘徊在公园路灯下的人，那是我在捕捉一种夜行步甲；更多时候，是在莽莽深山中，甘冒烈日，去追寻那些精灵般的蜂与蝶。

当收集的样品不断增多时，如何去妥善地长期保管它们又成为最头痛的问题。当我在雨季过后不得不丢掉一些长满霉菌的标本时，心痛，难以言表。只有对昆虫的浓厚兴趣，才能强劲地激励我不断发现，不断改进探究方式。问题，一个个解决，回首往事，那些曾经的绊脚石，已成为我攀登自己理想的一级级阶梯。我相信，大自然是慷慨的，前方有路，在于寻找。

从2007年开始至今，对于昆虫的探究和对生物的关注已经深入到我的工作中来，由此我的生活更加充实，工作更有方向。经过七年多的不懈努力，现在可以熟练制作各种昆虫模式标本和生态标本，收集的昆虫标本达到了上千个，300余种，昆虫展示馆已经初具规模。

现在的生物实验室是学生们渴望涉足的神奇之地，对生物科学的热切渴求成为他们学习的内在动力，对大自然的共同爱好成为师生交流的良好基础。

……

附4：课题组成员制作的部分标本

第二章

教学策略，革故鼎新

做"有心"的班主任

魏书生老师曾说过这样一句话：当老师没当过班主任是一大遗憾。在教育教学中，我通过亲身实践感受到这句话的精辟含义。

我于1991年参加工作，至今已经从教33年，其中担任班主任工作30年，今天依然忙碌在班主任工作岗位上，但我从没有后悔自己的选择。

下面，我结合亲身实践，谈谈对班主任工作的一些想法、做法，希望对大家有所帮助、有所启迪，使我们共同提高。

一、班主任必须是一名有理想信念的有心之人

现在，一谈到"理想""信念"这些词，可能有些人就认为是太"高大上"了，有点脱离现实。其实，并非如此。

我们都知道，今天的中国已经成为世界强国，这与许许多多的、普普通通的中国人对理想和信念的追求和坚守是分不开的。

记忆中一件事让我感触特深。几年前，我到上海参加一次培训，在一个地铁上偶然听到了两个人的对话，让我记忆深刻。当时地铁里人很多，所以大家都是近距离地接触。旁边一男一女轻声的对话无意间引起了我的注意，这两个人明显是偶然在这里遇到的熟人。打完招呼后，两个人开始小声唠嗑。那位男士问那位女士：你"在德国待了几年啊？"女士回答："8年

了。"男士又问："去了那么长时间，又找到那么好的工作，为什么还要回来呢？"那位女士非常平淡地回答："我觉得我在外面学了那么多年，我应该把我学的东西拿回来为我们国家做点事，所以就回来了……"

就这样一段简单的对话，深深地震撼了我。如果这个对话，出现在电影、电视中，大家都不会觉得意外。可是，在现实中，就在我的身边，我耳闻目睹一位普普通通的中国人有着那样崇高的"理想"和"信念"，对国家的责任和担当有着那样的执着和坚守，真的让我感动和震撼。

回顾我的成长历程，我见证了自己的生活水平在逐渐提高，见证了国家对教育的重视，也见证了教师地位的不断提高。2018年，中共中央、国务院印发了《关于全面深化新时代教师队伍建设改革的意见》，提出要"不断提高地位待遇，真正让教师成为令人羡慕的职业"。相信在不久的将来，随着各项政策举措的落地见效，广大教师会更有幸福感、成就感和荣誉感。也相信在不久的将来，"优秀人才争相从教、教师人人尽展其才、好教师不断涌现"的良好局面一定会形成。

可以说，改革开放以来，各地区都逐渐建立教师队伍培养提高的长效机制，不断提升教师队伍素质，不断强化师德师风建设。以我为例，自参加工作以来，我多次参加了各种级别的、各种形式的培训：国培、省培、学科带头人培训、骨干教师培训……使自己的业务素质、专业水平不断得到提升。可以说，改革开放40多年来，一支高素质的教师队伍正在逐步形成。我从一名不知"山外有山"的山沟里的小女孩，成长为一名优秀的人民教师。作为曾经的学生和今天的教师，我见证了我国教育事业的发展变化。每当我回忆自己曾经走过的历程，都在庆幸自己的幸运：庆幸自己生活在这个伟大的时代。当然，这一切都得益于我们党和国家的正确方针政策。

不可否认，我们的教育现状还有很多不足的地方。比如，教师的队伍建设问题、教育发展的不充分不均衡问题……这些都需要我们不断地探索和改革。

所以，作为一名教师，我们必须坚定信念，并把这种信念传递给我们的学生。

　　我曾经在清华大学参加"国培"的时候，听着这些教授们讲述着身边的事的时候，也曾被深深地震撼了：清华大学的校领导在走访突出贡献教授的过程中，发现一个非常有名的教授，却只住着几十平方米的小房子，而且里面还是堆满了书籍，甚至都没有沙发。而她却淡然地说："够住就行了，我要那么大的地方干什么？有吃、有住、有我研究的地儿就足够了。"还有一位非常有名的教授，他把所有的积蓄都让他的一个已毕业的学生帮忙打理，当这笔资金积累了很多的时候，他告诉这位学生："我可以用这笔钱做点有意义的事了。"然后他把这笔钱用在了教育上……

　　他们心目中，家的含义不是"小家"，而是"大家"。国家才是他们的"家"，中国才是他们的"家"。

　　著名学者朱永新教授曾说过这样一段话：真正的教师，应该让自己和学生在跨越重重困难以及怀疑之后，仍然能够建立起对于世界、对于人类、对于自我、对于存在的根本信任乃至于信念。这种信任、信念乃至于信仰，是成为一名教师的基石。

　　各位同仁，今天的你，是否依然还在坚守着当初的信念和信仰？作为老师，我们或多或少地都曾有过抱怨和质疑。但是，不管怎样，作为老师的我们，不能忘记了我们的身份和责任！无论何时，我们都应该坚守住我们的教育理想和教育信念！只有这样，我们才能承担起我们应尽的责任！只有这样，我们才能真正实现教育的育人功能！

　　记得一位学者曾这样说过：无论中国怎样，请记得：你所站立的地方，就是你的中国；你怎么样，中国便怎么样；你是什么，中国便是什么；你有光明，中国便不再黑暗。作为教师，希望我们一起把这句话牢记心底。

　　作为班主任，在学生内心深处播撒下爱国的种子，我们要把我们的爱国之心传承下去，使之生根发芽、开花结果，事关"培养什么人"的深刻命题。

　　作为班主任老师，我们时刻不能忘了我们的教育初心要努力用我们的"初心"让教育始终在"教书育人"这一原点，努力做一名有教育理想和教育信念的教师，用我们的努力培养出有责任、有担当的学生，教育学生能自觉地把自己的成长同祖国的命运结合起来，认识到自己肩负的历史使命。只有这样，我们的民族才有希望，我们的国家才会有希望。

二、班主任必须是一位爱学习、爱研究的有心之人

在我的成长之路上，我特别感谢魏书生老师。可以说，是他间接地把我引领到教师这个工作岗位上的，也是他让我第一次在班级管理中尝试着创新……

我的妈妈是一位教师，因为从小就耳闻目睹妈妈工作的辛苦，所以对教师的工作没太多感情。可是高中时一次偶然的机会看到妈妈收藏的一本书——《年轻的教育改革家——魏书生》。就是这本书，让我对教师的职业产生了浓厚的兴趣，于是，在填报志愿时毫不犹豫地报考了师范学校。参加工作以后，又陆续面对面地听过魏书生等一批优秀教师的报告，这让我对自己的教育教学产生了深层次的思考……所以，班主任的成长离不开好书的陪伴，离不开名师的引领。

作为班主任老师，我在专业成长过程中有一个深刻体会：反思，会促进班主任专业成长。

班主任要会借助反思，促进自己的专业成长。

我是在十几年前开始尝试写教育反思的，那是一个很偶然的机会。很清楚地记得那是在2007年的4月，我作为骨干教师、学科带头人参与丹东市首批教师交流。到了新的学校以后，我最初没有担任班主任工作，所以一下子就感觉很轻松，怀着一颗好奇心，抱着一种新奇的想法加入了丹东教育博客联盟。

当第一次在互联网上拥有了自己的空间，第一次在博客中发表自己的文章，第一次看到有陌生朋友送来鼓励的话语……说实话，心里真的感觉特温暖，也特有成就感。

我，终于拥有了一个网上家园，一个可以让我任意挥洒激情、记录我喜

怒哀乐的网上家园。在不知不觉中，我有了更多的创作激情；不知不觉中，发生在我教育教学中的一些小事都被记录在这里；不知不觉中，我爱上了这里……

就像我在我的"教育博客简介"里写的那样：

这里，是我点滴生活的流露，是我精神的家园。在这儿，我可以畅谈我的心声，倾诉对人生的感悟；在这儿，我可以欣赏到同伴们的风采，碰撞出思想的火花；在这儿，我可以展示自我，实现自己的理想和价值……这里，是我成长的摇篮。

我发表在博客联盟里的教育教学故事，都是我的原创。这些教育博文大都是写发生在我的课堂上、我的教室里、我的学校中的一些常见事，其实这些事，也都是我们大家每天要面对的、要处理的事。

相信，偶尔写这样一篇教育反思，对老师来说并不难，但我想，如果能日积月累地坚持把这件事做好就不会是那么简单了。

据说，哈佛有这样一个著名的理论：人的差别在于业余时间，而人的命运决定于晚上8：00—10：00之间。

在这些年中，我写了大量的教育故事、教育案例，发表在我的教育博客里。应该说，正是因为那些博文，使我这些年硕果累累：我的教育博客被评为丹东十大优秀博客，我的博文也被评为十大优秀博文，我的很多博文在报纸、报刊上发表……

因为经常在博客上发表文章，这不仅促使自己不断反思，不断学习，不断进步，而且认识我的人也越来越多了。

可以说，因为有了喜欢，所以我学会了坚持；因为有了坚持，所以我学会了思考；也因为有了思考，我在不断地进步。

这些年，因为经常写博文、写教育教学感悟，我越发感觉自己在教育理论知识上的贫乏，这，也推动了我继续学习。

其实，只要我们每天去想，总有很多东西是值得我们去反思的。大家如果有兴趣，可以查阅一些名师资料，你会发现，很多名师之所以成功了，就是因为他们善于反思，善于总结。也可以说"反思成就了一批名师"。

记得一位名师曾说过这样的话："无论你是谁，你在哪里，只要你有行走的欲望，平台就会在你的努力中不断延伸。"

我希望，各位年轻的同仁、朋友，能从工作开始，在班主任工作的岗位上，不断地进行总结、反思，把写教育日记当成一种习惯，这样一日复一日地坚持下来，相信：你一定会在不知不觉中成为一名社会所需要的班主任老师，成为一名家长、孩子们心目中最合格的班主任老师。

三、班主任必须是一名有教育智慧的有心之人

作为班主任，我们要塑造的是人的灵魂。所以，这不仅需要干劲，更需要智慧和艺术。我们要有敏感的观察力，要善于捕捉教育契机，要对学生进行有针对性的启发与引导，来点燃学生心灵的火花；要在点滴的教学生活中诠释着绵绵的师爱，让教育充满智慧，以求得教育的最佳效果。下面，我通过我的三个教育小案例来说明这一点。

（一）师爱无痕

她，是我们班非常优秀的一名学生，是班级的副班长。她为人正直，不苟言笑。她做任何事都极为认真，在工作上绝不留情面。从她的身上很少能看到同龄人的特点，她给人留下最深的印象是她的成熟与稳重。但就是这样一个优秀的学生，这样一个让老师放心的学生，内心却藏着一个心结，而且这个心结已经折磨她很久了。原来，在上学期，她所在小组的一个男同学，曾因为她的直言而对她有意见，一直对她冷嘲热讽，使她产生了很大的思想压力。事情虽然看似简单，但如果处理不好，就有可能影响孩子的一生。偶然的机会，我得知了事情的经过，我觉得如果把两个人单独找出来太高调地处理这件事，效果不一定好。思考再三，我决定采用"无痕"的方式来处理。我先把这个男同学找出来，把这个女同学的心结如实地对这个男同学说出来。看到自己的行为让这个女同学竟然产生如此大的压力，这个男同学意识到了自己的错误。接着，我便和这个男同学商量，如何来打开这个女

同学的心结。很快，一个方案出炉：结合班级马上开展的评选"文明之星"活动，让这个男同学代表他们组推选这名女同学为"文明之星"。果然，听到他推选她为"文明之星"后，她有些吃惊。过后，我又找这个女同学谈心，告诉她，要学会处事的方法，很多事情都要学会调节，不要给自己太大压力，不要让自己有太多心结，要学会调节自己的情绪……她，变得轻松起来。

一位教育专家曾说：当学生意识到你在教育他时，那你的教育将是失败的。教育本来就是心灵与心灵的融合、灵魂与灵魂的对话、智慧与智慧的碰撞、生命与生命的互动。成功的教育应让学生在不知不觉中学会处事，学会做人。

（二）师爱，是一缕阳光，能照亮学生的心灵

在一次关注学生吃早餐问题的调查中，我发现班级X同学竟然天天不吃早餐。原来，X同学的父母很早就离异了，而且他的父母几乎都不给他生活费。他只和年迈的爷爷一起生活。贫穷的生活条件，让他们养成习惯：不吃早餐。这真的让我心疼起来，我开始用自己的行动在生活上关爱X同学，常常给他买些食品和生活用品。老师的行动，学生看在眼中，更铭记在心中。一次班会上，大家由食品安全问题引出了早餐问题，同学们竟然集体发出倡议：X同学的早餐以后由大家负责！于是，班级的学生开始轮流给X同学带一份营养早餐……爱，就这样在班级传递下去。

有人说，教育事业是一片洒满阳光的沃土，学生是成长中的幼苗。作为教师，我们应该在这片沃土上用"心"耕耘，用"爱"浇灌，使这些幼苗能绿树成荫，繁花似锦。

（三）师爱，是一缕春风，能唤醒学生的心灵

一天中午，我刚进教室，一个组长便来到我的跟前汇报："老师，今天中午有两个同学的钱被偷了。"咦，怎么出现这个问题了？登时，我的心情变得有些糟糕。这是一个新组建的班级，学生的状态和表现均很出色，可以说，是一个充满活力而又非常积极向上的集体。可是，如今很遗憾地出现了

"偷"这个问题，我有些棘手。我知道：如果这次解决不了，这种问题就会经常出现；如果解决不好，又会伤害到学生的自尊心。该怎么办呢？首先，我调查了一下中午教室里的人员情况。通过调查，我清楚了这件事就发生在班级学生内部，因为整个中午教室里始终有人。既然排除了"外来作案"的可能，我觉得事情就好办多了。因为我相信我的每一个学生，即使拿了不该拿的东西，也是因为一时贪图便宜，本质上绝对没有问题。我把我的这个想法告诉了全班同学，同时也非常肯定地告诉大家：老师要想调查这件事肯定能查出来，但我不想这样做。因为老师觉得任何人都可能犯错误，只要改了就是好学生，老师保证一定会为犯错的同学保密的……静了一会儿，我又说："现在，我要给这名同学一个机会，希望这名同学珍惜这个改过机会。请每个人准备一张16开白纸，然后把书包放在胸前，把白纸放进书包里，请这名犯错的同学借机把钱放入白纸包好，其他同学可以往白纸里包点废纸。请同学们自己做自己的事情，不要看别人，一切过程都在书包里完成。"此时，我也背对着大家。很快，同学们按要求做好了，然后依次上来把纸包送到了讲台旁边。班长和团支部书记上前依次打开每个纸包。很快，班长便把一个包着钱的纸包递到了我的面前……

所以，作为一名教师，我们要对班级的每一名孩子都抱有足够的守望、足够的期待。

记得一位知名教育专家曾说过这样一句话："所有难教育的孩子，都是失去自尊心的孩子，所有好教育的孩子，都是具有强烈自尊心的孩子。教育者就是要千方百计保护孩子最宝贵的东西——自尊心。"的确如此，铁，不能因恨而成钢；苗，不能因拔而助长。学生的成长过程本身就是一个不断犯错与纠错的过程，学生就是在犯错的过程中，不断总结教训，才逐渐长大的。

教育是爱的艺术，是爱的事业。我们在春天里播下"师爱"的种子，秋天必定会收获"生爱"的硕果。我们用"师爱"无声地滋润着学生们的心灵，我们也常常会被学生的爱所感动着。

雨果曾说过这样一句话："花的事业是尊贵的，果实的事业是甜美的，让我们做叶的事业吧，因为叶的事业是平凡而谦逊的。"

作为一名教师，在教育教学中，我们要用自己的点滴言行来努力诠释为师者的大爱，诠释教育者的智慧。

四、班主任必须是一名关注孩子身心成长的有心之人

现代社会，无论哪个国家的孩子，在身心发展过程中都面临着很多问题：上网问题、手机问题、交友问题、亲子关系问题、师生关系问题、青春期问题、学习压力问题……在班主任工作中，我发现近些年来，很多学生或多或少都存在心理障碍，严重地影响了学生的身心健康发展，这必须引起我们重视。这也要求我们在日常班级工作中需要注重运用教育学、心理学理论加强对学生的心理健康教育。

作为一名省人大代表，在省人代会中我曾提出了两个相关建议：《关于在我省中小学推进开展生命教育的建议》和《关于重视教师心理健康问题的建议》。

在教育教学中，关于孩子的身心健康问题，我非常关注。大家都知道，心理健康教育是班主任工作的重要部分。作为班主任，我们是学生心理健康的引导者，是学生心理问题的防御者，是学生心理发展的培育者和维护者。培养健康学生是班主任的一项神圣的、义不容辞的使命和职责，所以，我们必须要加强对学生的心理辅导，提高他们的心理素质，努力帮助他们成为全面发展的人。当然，这也需要我们班主任要不断地加强学习，研究学生、研究学生心理，不断提高自己的专业水平，努力打开学生的心扉，走进学生的内心世界，用自己的热情、心血和智慧去启迪、引导学生，使班主任真正成为学生的良师益友。

记得在一本书上看过这样一句话："人生没有彩排，每天都是现场直播。为了让生命不遗憾，我们要用积极的人生态度对待每天的生活和工作。相信，一个人心有多大，舞台就有多大；心在哪里，舞台就在哪里；舞台在

哪里，成就就在哪里，幸福也一定在那里！"

　　作为班主任，我每天的工作都是平凡和琐碎的，但我不会感到倦怠，因为我每天的工作都充满创造，我每天都在超越中享受收获！

　　作为班主任，我希望我们能在平凡而烦琐的工作中不断学习，不断反思，不断实践，不断创新！用我们的智慧去开启学生的心灵，用我们的努力让我们的教育绽放出智慧的光彩。让我们每一位班主任都能成为一名"有心"的班主任！

今天，我们该如何做班主任

人们常说，班主任是这个世界上"最小的主任"。但大家也都知道，这最小的主任却承担着世界上最重要的责任：雕琢着孩子们的心灵，塑造着孩子们的人格，甚至影响孩子们的一生！

有人说，"学校可以一周没有校长，但不能一天没有班主任。"还有人说，"当一届班主任后悔三年，不当会后悔一辈子。当一年班主任少活一年，不当白活一年"。可见，班主任工作真的是"痛苦与快乐，艰辛与幸福"的矛盾体。

下面，我想结合自己在多年的班主任工作中的一些所思、所想、所悟，谈一下我对今天的班主任工作的一些理解。

一、班主任要会爱

（一）班主任要会爱自己

大家可以想一下：一个连自己都不爱的人，怎么能爱他人呢？一个连自己家人都不爱的人，又怎么会爱学生呢？

做班主任的都有深刻体会，我们每天都是在平淡、琐碎、辛苦、繁忙中度过的。很多时候，教务处、学生处、总务处等很多任务也都压给了我们。所以，我们常常在不知不觉中心生埋怨，虽说抱怨在一定程度上可以缓解压力，但如果抱怨的次数多了、时间久了，势必会影响我们做事的心情和态度。所以，作为班主任，我们应该常常提醒自己，要努力在平淡中去感受幸福，要拥有一颗平常心，要从苦中寻求快乐。

下面是我的几篇博文，希望通过这几篇小文章，大家能感受到心态的重要性：

相亲相爱一家人

交流到新单位以后，原以为会适应一段时间。没想到很快便融入新集体了，而且，经常受到他们的表扬，每天很快乐。

第一个表扬我的，是校门口的一个小卖店的老大娘。她因为一直在这里做生意，对于学校很熟悉，当然也知道我是外校交流过来的。那一天，和往常一样，上班的时候，看到她正在清理小卖店门口（其实这也是校门口）的卫生，就微笑着和她打了一声招呼，谁知，她竟然对我微笑着说："你长得真好看！"明知道其实并非如此，但听到这样的话心里还是很美啊！当我喜滋滋地把这话说给办公室里的同事们听，谁知，他们竟然也说："你本来长得就很好看啊！"啊，我终于明白了，原来，我在这里也可以算得上是美女了！好快乐！

第二个表扬我的是一个同事。我俩的孩子在一个班级，那一天，我们和领导在一起吃早餐的时候，她竟然对领导说，她特别喜欢我！而且说还有几个同事也告诉她，很喜欢我！啊，看来我还很有人缘呢！好高兴！

第三个表扬我的，是教同一学科的一个朋友。她是一个很优秀的老师，出类拔萃。其实，从她的身上，我学会了很多东西。而她，却一直说从我的身上学会了很多东西。看来，我俩是互相欣赏。我俩在一起经常研究教学，极其投缘，很多同事都很羡慕我俩的合作。有这样一个朋友，好幸运！

第四个表扬我的，是这个学校的校长。他是一个很严肃，又很有威信的领导。同事们都很怕他，也很敬他。可能是因为我是交流过来的原因吧，领导对我一直都很客气，而且我在领导面前，也没有那种压力，很放松。所以，几乎每次我们偶然遇到，都会简单地说一会儿话，而不像有些老师那样，看到领导那么拘谨。而校长，对我的工作也是一直给予肯定的。于是，办公室的同事便开玩笑地说："我们的领导好喜欢你啊！"我也毫不脸红地大声说："我也很喜欢你们领导啊！"于是众人便开始大笑起来！好开心！

第五个表扬我的，是一个几乎没怎么说过话的男同事。那一天，他竟对我说，他们对我的评价都很高，说我没有架子。其实，我们都是平等的，即使我是从一个大点的学校交流过来的，我们也是一样的啊，为什么要摆架子呢！不过，听到这样的话，还是好喜欢！

第六个表扬我的，是食堂的老板。其实，我很少到食堂去吃饭，对于老板并不熟，只是见面点个头罢了。那一天早上，我去吃饭时，他竟然对我说："徐老师，你这个人真挺好，总是那么稳稳当当的。"我高兴地把这话说给办公室的同事们听，并开玩笑地对办公室的张老师说："他说我很稳当，是不是拿我和你对比啊，因为你总是那么'嘚瑟'啊！"同事们哈哈大笑起来，惹得张老师直嚷，说要找校长评理，说我诋毁她，破坏了她的好名声！好热闹！

……

没有想到，我这么快就成了他们中的一员，组成了相亲相爱的一家人！

常言说，你改变不了环境，你就要学会适应环境；你改变不了别人，你可以改变自己。所以，与其抱怨命运，不如改变命运；与其抱怨生活，不如改善生活。有这样一句话"我们的烦恼不是源于我们的遭遇，而是源于我们对世界的态度"。同一件事，不同的人会有不同的看法，不同的看法自然会产生不同的情绪。你是幸福的还是痛苦的，很多时候，全在于你的心态！所以，幸福是一种感觉，是一种豁达的心态，是一种人生的精神和追求！我们要学会从繁忙而琐碎的日常生活中去寻找快乐、发现快乐、体验快乐！要尝试着营造良好的心理状态，也只有这样才能战胜种种困难，才能在工作中得到快乐。

安全与不安全

马上要临近中考了，有些学生的情绪也开始变得无常，作为班主任的我也难免有点情绪化。有时候，不得不时时提醒自己，要注意自己的态度。

可就在这时，我却发现班级的两个种子选手竟然偷偷地早恋起来。我匆忙采取了一些措施，却达不到治本的目的。父母的严厉管教反倒使其中的男同学情绪有些激化。几乎天天晚上放学的时候，不同路的他们俩都要在一起回家，的确耽误了很多的时间和精力。

这时，语言已经显得苍白无力，而且，此时已经没有时间再去做细致的思想工作。因为这位男生回家要路过我家的小区，所以我就找理由让他天天和我一起走。

一天晚上，教室里剩下几个人的时候，他在等我一起走。这时，班级的一个女生有意问："老师，××为什么天天要送你回家啊？"教室里另外一个女生接过话说："这还不明白？因为老师长得太不安全了呗！"我马上回复道："是吗？那么以后放学的时候还是让××送你吧！"这时，另一个女生立刻接上说："老师，她是咱班女生中长的最安全的一个了！"

教室里所有的人都开心地笑了起来。

这小小的幽默，创造了一种和谐的氛围，不仅使师生感情更加融洽，也化解了××那紧张而又有些抵触的情绪。记得英国作家萨克雷曾说："生活就是一面镜子，你笑，它也笑；你哭，它也哭。"你感恩生活，乐观积极，生活也将赐予你灿烂的阳光。

无　语

学校准备从今年开始创办合唱节，于是，便"苦"了班主任。几乎每节音乐课都要与音乐老师一起来组织、训练。几次排练下来，学生们终于敢大声唱出来了。

这时，却发现，很多学生表情呆滞。于是，我便指导学生，唱《阳光总在风雨后》的时候，眼神应该体现出柔情，好像是劝告你的朋友、同学：再大的风风雨雨都不要怕，要坚信，阳光总在风雨后。可是，当学生唱《保卫黄河》的时候，我发现有的学生依然满脸柔情。于是，我又指导，唱这首歌的时候，应该是瞪大眼睛、张大嘴，满脸严肃的表情来唱。音乐老师也在旁边补充道："唱这首歌时，就想象对面站着的是你最恨的人，要怒目而视。"

一刹那，突然发现学生的眼光齐刷刷地射向了站在他们对面的我……匆忙之中，我大喝一声："干吗都瞪着我？！"顿时，班级笑声一片。

所以，快乐、幸福其实就来自我们的工作，来自我们的生活。家人、朋友、闲情、雅趣都是不可或缺的。凡事要换一个角度去想，要合理排解自身的消极情绪。我们要快乐地工作、快乐地生活，要学会自得其乐。从另一个角度来说，我们爱自己，让自己健康快乐地生活，也是一种爱家人、爱学生的体现。

（二）班主任要会爱学生

我们都知道，班主任必须具有爱心。可是，你的爱学生理解吗？家长理解吗？如果你的爱，学生、家长都不理解，这能不能真正算是爱呢？

有时，我也常常在想，有些班主任过于苛刻地要求学生的分数，过分地要求学生应对学校的各项检查评比，这真的是为学生好吗？这里有没有一点儿为自己的功利想法呢？请大家有时间可以细细想一想。

高中的时候，我的班主任是一位男老师，特别严格。记得最清楚的一件事就是高三下学期，他要求我们班所有的男同学都要剪成小平头，班级几个和他直接对立的"反对分子"都被他撵回家去剪发了，结果有几个直到毕业也没有再回来。而教室里剩下的这些男同学联合起来，中午到校外一起都剪了个秃头回来……直到今天，我们同学在一起聚会的时候，大家对这位老师的很多做法还耿耿于怀。

这件事对我触动特别大。所以，作为一名班主任，有时候我的话可能欠考虑，做法可能欠妥当。但无论我做什么，一定要让家长、孩子体会到我的爱。我不希望我的任何一名学生因为和老师的关系紧张而遗憾终生。

所以，班主任不仅要爱学生，而且要会爱学生。我觉得做好以下两方面非常重要：

1. 要宽容地对待学生

我身边不少朋友都曾说过这样的话：从自己有了孩子开始，或者从自己的孩子上学开始，就能够接受学生的错误了，不再像之前那样苛刻地要求学生了。

为什么会这样呢？我想，这是他通过自己孩子的成长过程切身感悟到，孩子出错是很正常的一件事，孩子就是在不停地"出错—改错"中逐渐成长起来的，天下没有不出错的孩子，或者说，不出错的孩子是不正常的。

俗话说"百种米养百样人"，人和人是千差万别的。我们不能用一把尺子去衡量所有的学生，否则我们的工作就是在不停地淘汰学生。

据说，教育专家曾做过一个"将后进生转化为好学生"的研究实验，但通过反复调查研究发现，在所有的学困生中，真正能够转化为好学生的只有5%。

这告诉我们，当我们面对所有学生的时候，我们要把自己的心态放平和，对待那些学习有困难的学生，我们可以换一种角度，换一种态度，来宽容地对待他们，尝试用发展的眼光去期待他们，要为他们的每一点进步而欣喜，要为他们每一个闪光点而欢呼，只有这样才能把快乐传递给学生，把希望播种到他们心里。

我前年送走的毕业生中，有一个叫"甄妮"的女同学，刚开始进入这个班级的时候，几乎所有的作业都不写，几乎所有科目的成绩都在班级的最后面。但在老师和同学的鼓励下，她一直没有放弃自己，一直很努力。初中毕业的时候，她进入一所民办高中去读书。前一段时间回学校来看我，聊天中我问她的近况，她自信地回答道："老师，您想，您的学生能差吗？"这样一句简单的回答，顿时让我备感欣慰。

当我们的学生离开学校、走上社会的时候，依然能拥有一种健康、阳光的心态；依然能用积极、乐观的人生态度，去不懈地追求人生的幸福。这，不就是成功的教育吗？所以，我们班主任不能把眼光只盯在学生的成绩上，而应该关注学生的身心发展。

当然，教育总是有遗憾的。有时，可能我们的苦口婆心根本达不到转化的目的；有时，可能我们的好心却并不能赢得学生的理解；有时，可能我们不经意的举动会伤害一些学生的心灵。但我想，只要我们能以坦然之心去面对，最终一定会赢得学生和家长的信任。

我曾经遇到这样一件事：学生们在教室里上课，我站在教室外的走廊里从教室的后门往教室里探视，突然，发现一个学生正在玩手机。我悄悄走进教室，来到他的旁边，伸出手，学生乖乖地把手机放进了我的手里。下课，他来到我的旁边，向我承认"上课玩手机"这个错误，却否认手机是他的。他知道我们学校规定学生是不准带手机到校的，所以坚决不泄露手机的主人到底是谁。于是，我尝试着打开手机的通讯录，结果发现那通讯录里全是外号，一个真名实姓都没有。无奈我用这个手机拨通我的电话号码，想看看我的手机里能否显示出机主的姓名。结果，当我用这个手机拨通我的手机号码的时候，发现这个手机里显示出我的名字竟然是——"灭绝师太"。说实话，刚发现我有这个称号的时候，真的感到很委屈。自认为一向和学生沟通、交流很好的我，没想到竟然也成了他们心目中的"灭绝师太"！

说给朋友们听，他们笑得前仰后合。冷静之余，我也觉得很好笑，自然也就很宽容地处理这个问题了。

作为班主任，我们爱学生，不能仅仅因为学生可爱才去爱。当我们的学生不断地犯错误，不断地制造麻烦甚至伤害时，我们依然能尝试着用宽容的心去对待他们。我想，这，才是老师的爱。

现在，随着家长素质的不断提高，很多家长对班主任的要求也不再是原来那种简单的"越严越好"式的了，而是更期待班主任能尊重孩子，更期待班主任能以民主的方式与孩子们沟通。

曾有人说，一分宽容，就是一缕阳光。我希望我们班主任能用好这一缕阳光，用我们的宽容而博大的爱让我们的学生健康快乐地成长。

2. 要善待每一名学生

前些年，我听过一位领导在给初三老师做动员时，曾这样说，大家不要怕把学生累坏，我们每个班级都40多人，就算其中一个学生累出毛病了，那才是1/40；就整个学校来说，那是1/1000。所以，不必担心个别学生。

可是，细细想想，觉得这位领导忽略了一个重要问题，对这个独生子女家庭来说，这一个学生就是百分之百的希望。所以，作为班主任老师，我们要善待每一名学生，要帮助每一名学生树立自信心，让他们在活动中体验到成功的乐趣。

一位教育家说过："只教给人知识，而没有教给人自信的教育称不上成功的教育，知识有老化的时候，自信却能让心灵永不老化。"一个从来不懂得欣赏自己的学生，他怎么会拥有自信？一个从来没有被欣赏的学生，他又怎么会获得自信？现在，我们的很多学生缺少的不是不听话，不是不懂事，而是一份活力、一份生机、一份自信、一份激情！

现在，很多学校都在构建班级管理模式。我们丹东五中提出的是"分组互动，量化激励"育人模式。我觉得这种模式非常好，通过班级的"小组化"管理，来充分调动每一名学生的主动性。比如，学生们都特别期待学校能够组织春游。的确，通过春游，学生们能走出学校，走进大自然，感受大自然的美好……但春游对我们班主任来说压力很大，学生的安全、秩序、爱护公物、卫生等诸多方面，都需要我们去注意、去督促、去检查。那么多的孩子，如果仅仅依靠我们班主任，真的是很难管理的，一旦出事就可能遗憾终生。所以，这时候，班主任就可以发动小组的力量，以小组为单位，以组长为负责人，调动每一个组员的积极性，鼓励小组中的每一个成员都参与到管理中来。这样，不仅学生玩得开心，班主任也非常轻松。

所以，我们班主任老师要在各项活动中，努力搭建一个能顾及全体学生成长的舞台，让每一个学生都能在这个舞台上积极、主动地挖掘自己的潜能，展示自己的生命活力。

我们面对每一名学生，不能一味去挑剔、去埋怨，而应该去发现、去欣赏、去激励！通过发现他们的点滴进步，通过欣赏他们的点滴成功，帮助每一名学生建立自信，开发每一名学生的智力潜能。进而，让学生看到自己的进步，体验到成功和快乐。我想，这就是今天我们班主任对学生最好的爱。

二、班主任要做好和家长的沟通

作为班主任，避免不了和家长打交道。其实，以我的经验，在重视教育的今天，任何一位家长，他们内心都对班主任老师比较在意、比较敬畏。

作为班主任老师，在与家长沟通交流时切不可摆出高高在上的姿态，更不可用训斥的口吻咄咄逼人。一定要表现得真诚友好，不卑不亢，把自己对学生的那份浓浓的爱心、耐心和责任心充分地流露给家长，让家长深切地感受到我们是真心实意地关心爱护学生，我们所做的一切都是为了让孩子能够健康成长。这样，我们的工作就一定能够得到家长的理解、支持和配合，从而能够获得较好的教育效果。

今天的班主任老师，一定要学会与家长沟通。在与家长沟通中，一定要让家长感受到我们的真诚和用心，让家长体会到我们的宽容大度，让家长领悟到我们的"一切为了学生""为了学生的一切"的想法……这样，最终一定会赢得家长的好感，得到家长的理解和支持。

三、班主任要用智慧管理班级

班级管理是一门科学，也是一门艺术，只有将二者有机结合在一起，才能更好地完成班级管理工作，这就需要班主任的智慧。

一个智慧型的班主任，他会努力让班级每一个学生都生活在自信之中；他会善于用激励方式让每一名学生都能积极向上；他能鼓励班级每一名学生都参与到班级管理中来……这些说到容易，能真正做到却并不容易。

魏书生老师、李镇西老师等名师都曾介绍过他们在班级管理中的一些优秀经验。可是再好的管理经验和方法，都不会是一把"万能钥匙"，都不可能适用于一切班级和一切学生。这就要求我们教师在教育实践中,用心思考,用心感悟,把正确的教育思想、工作经验、教育技巧以及教师的智慧等完美地结合在一起,提炼出一套适合自己的工作艺术,使自己成为一名智慧型的班主任。

如果我们的教育在每个瞬间,学生都是这样"团结向上、积极乐学、充满活力",那我们就是一位成功的班主任!遗憾的是,并非所有的瞬间都是如此美丽。作为班主任老师,我们的教育有时总是有遗憾的,例如,我们苦口婆心的教育可能达不到理想教育的目的,我们的好心有时却得不到学生和家长的理解,我们在不经意间可能伤害了一些学生的心灵。但我想,只要我们热爱教育,在工作中不断学习、反思,不断提高自身修养,就会把很多遗憾变成我们的教育财富。

"今天,我们如何做班主任",这是一个值得我们每个教育者去思考的问题。

"教无定法、贵在得法"——这就要求我们今天的班主任老师,能在平凡而烦琐的工作中不断学习,不断反思,不断实践,不断创新!用我们的智慧去开启学生的心灵,用我们的努力让我们的教育绽放出智慧的光彩。

作为一名班主任老师,特别是年轻的班主任老师,切忌不要等待,更不要以年轻为借口而拒绝成长。我非常喜欢这样一句话:我们可以不伟大,但不可以没有梦想;我们可以不完美,但不可以没有激情;我们可以不出名,但不可以不努力。作为班主任老师,我们要牢记——"学习、科研、反思、合作、服务"都是班主任成长的关键词。希望大家在班主任工作中,要用真心、真情做好班主任工作,努力做一个有思想的教育实践者,做一个思想和行动统一的成长者,真正把自己塑造成一个有魅力、有思想的班主任。

提升职业素养，做有灵魂的生物教师

爱因斯坦说："教育就是当一个人把在学校所学全部忘光之后剩下的东西。"作为生物教师，我们给孩子留在记忆深处的东西到底是什么呢？是那些单纯靠记忆的生物知识点吗？还是那些生物实验的方法步骤呢？如果生物学科的教学就是让学生去死记硬背这些东西，那么我们的生物学教学又有什么意义可言呢？

哲学家雅尔贝斯关于教育的本质是这样阐述的："教育的本质是唤醒。教育，意味着一棵树摇动另一棵树，一朵云追逐另一朵云，一个灵魂唤醒另一个灵魂。"既然教育的本质是"唤醒"，那如何才能"唤醒"学生的潜能？对于生物教师而言，如何能让我们的生物课堂成为有灵魂教育的主阵地呢？如何能让我们的生物教学培养出有灵魂的人呢？

我觉得要做到这些，需要我们教师在教育教学中不断提升自己的职业素养，不断完善自己，让自己成为一名有追求、有灵魂的生物教师，让教育真正回归其本质、本真、本色，让教育真正回归其本源、规律上来。只有这样，我们的教育教学才有灵魂；只有这样，我们的生物课堂才有灵魂；只有这样，我们的教科研活动才有灵魂；只有这样，我们的社团活动才有灵魂；也只有这样，我们才能培养出有灵魂的学生。

恩格斯曾说过，地球上最美的花朵是思维着的精神。教师既然是人类灵魂的工程师，那么，做有灵魂的教师，就是对教师的必然要求。作为教师，我们每天面对的都是成长中的人，面对的都是发展中的生命。我们的价值取向、生命取向直接影响孩子们的取向，进而会直接影响到祖国的未来，民族的兴衰。

有人曾这样说，教育的成功源于对工作的投入和激情，源于教育者内心博大的教育情怀。所以，我们要做一个思想者，在教育教学中要不断提升自己的职业素养，将爱与责任作为自己职业的灵魂，充满育人的幸福感，有道德并能够坚守教育的道德底线，努力使自己成为一名有灵魂的教师。

一、强化生物学科的育人功能，让教育充满灵魂

家国情怀是中华民族的优秀文化传统，也是教育在人才培养中的重要文化传承。家国情怀就是要具有世界眼光、中国情怀。从情出发，以情致怀，要有爱家爱国的真情实感，要体现对国家的高度认同感、责任感和使命感。

这是一种对国家对人民的深情大爱，是一种合作共赢的美好愿景。作为教师，我们要培养有大国情怀的学生，我们首先就要做有家国情怀的教师，这是一个教师应有的责任意识和社会担当。所以，作为教师我们应该关心国家大事，关注教育，并能尝试对教育提出一些合理化的建议。

传道于人，必先问道在先；塑造他人的灵魂，首先自己要有高尚的灵魂。只有自己有思想、有追求，并坚守道德，在功利侵蚀的大潮中保持一分从容和笃定，才能赋予学生良好的"价值生命"。

培育学生家国情怀，有利于引导学生树立家国一体意识，强化家国认同；有利于引导学生以家国天下为重，以民族大义为念，把个人理想追求与国家民族命运维系在一起，继承弘扬"以民为本"与"天下为公"的优秀传统，强化责任担当意识，为实现中华民族伟大复兴的中国梦而不懈奋斗。

在生物学科的教育教学中，我们要尝试结合学科内容对学生进行家国情怀的教育。其实，结合生物教材对学生进行家国情怀方面的教育的内容还是

比较多的。例如，人教版教材八年级下册第49页在"科学家的故事——袁隆平与杂交水稻"中介绍杂交水稻之父——袁隆平的故事。通过他的故事，我们不仅要引导学生学习他甘于寂寞、默默无闻的科研精神和扎扎实实的工作作风，更要体会到他伟大的人格魅力——一个知识分子的爱国情怀。

结合生物教材内容对学生进行爱国主义教育的内容还有很多很多。例如，介绍我国丰富的动植物资源和珍贵的动植物种类，可以增加学生的民族自豪感；介绍我国栽培作物的悠久历史，讲授我国古代生物科学成就，可以培养学生的民族自尊心和自豪感；介绍我国现代生物科学成就，利用新旧社会对比，使学生热爱社会主义祖国，热爱共产党；介绍我国人口众多、人均资源偏低、耕地面积大约相当于世界人均水平的1/4，草原约为1/3，林地约为1/4这些国情，会激发学生的使命感和责任感；等等。可以说，这些内容都是对学生进行家国情怀教育非常好的素材。

当然，生物学科的育人功能不仅仅是家国情怀教育，还有生命教育、环保教育，培养学生具有实事求是的科学态度、探索精神和创新意识教育等。作为生物教师，我们不能把自己变成生物学科教学的"教书匠"，不能因为我们是生物学科教师，就把教育孩子的责任都推到学生处或班主任身上。作为教师，我们首先要明道、信道，要努力成为先进思想文化的传播者、党执政的坚定支持者，要承担起学生健康成长的指导者和引路人的责任。

教育要以育人为本。教师只有具备了"全课程"的育人观，结合教材内容对学生进行育人教育，在课堂中努力把育人教育与学生的生活、生命相结合，我们的教育才能变得幸福完整，我们的教育才会充满灵魂。

二、让生物课堂焕发生命力，成为有灵魂的课堂

叶澜教授在《让课堂教学焕发生命活力》一书中提到了四个"还给"：把课堂还给学生，让课堂焕发出生命的活力；把班级还给学生，让班级充满成长的气息；把创造还给老师，让教育充满智慧的挑战；把精神发展的主动

权还给学生，让学校充满勃勃生机。作为生物教师，我们如何让生物课堂教学焕发生命力？让生物课堂成为有灵魂的课堂呢？

仅靠对书本的学习和死记硬背学科知识已经很难适应培养出国家和社会发展所需要的人才的步伐，只有放手让学生去锻炼、去实践、去想象、去怀疑、去承担责任，甚至去体验失败……才可能培养出我们所需要的杰出人才。

可以说，无论是在哪个时代，也无论是在哪个国家，要培养杰出人才的基本规律都是一样的：这些人必须具有独立思考的品质、不迷信权威、具有科学的探索精神和求真欲望、善于发现问题并能够找到解决问题的途径和方法，同时，他还必须是一位乐于合作的人。而要培养出这样的杰出人才绝不能从大学才开始，而应该从中小学阶段就开始有意识地培养。作为初中教师的我们，承担着重要的责任。

记得我曾经在全校上过一节公开课，课堂中我把教材内容重新进行了整合，鼓励一部分有兴趣的学生课前分组做几个探究实验——"发酵现象""面粉的发酵""米酒的制作""酸奶的制作"，学生在业余时间分工合作、共同探究、亲自动手制作。课堂上，我鼓励这部分学生现场汇报实验情况，并对结果进行分析，还解答学生提出的疑问等，这样既激发了全体学生的学习兴趣，也达到了资源共享的目的。通过课堂上的表现来看，学生们思维活跃，争先恐后地提出自己的疑问，而展示的同学则给予耐心的解答。很多问题提得非常有深度，而回答的也是思维清晰。可以说，整节课中，学生们有着强烈的问题意识，敢于发现问题、提出问题、发表自己的见解，很多学生提出的问题也很有价值。也许学生都存在一定的表现欲的原因，整节课学生都处于一种紧张感和愉悦感的氛围中，课堂气氛热烈却很有秩序。不过，说实话，对刚开始走入课改的我来说，这种课上起来的确有一定的难度，课堂往往难以驾驭，课上也容易出现一些意想不到的问题，比如：在本节课中，有的学生提出的问题和本节课知识联系不大；还有，由于学生交流时间过长，致使我不得不临时改变一下原来的设计方案，很多原本计划展示给学生看的内容——"泡菜的制作过程""食品的保存方法"等，由于时间关系，只好鼓励学生拷贝回家自己去看了。

虽然这样的课堂容易出现一些老师意想不到的问题，但不可否认，这样的课堂学生的思维是活跃的，如果我们能在课堂上让每一个学生思维都活动起来，我想这样的课就有收获，就有效率。

由于教育对象——我们的学生是千变万化的，所以任何一种教学方法都不可能是一成不变的。任何一种教学策略都是与特定的教学目标、教学内容相联系的，没有任何一种方法能同时达成所有的教学目标。这就需要我们教师要不断地研究教学策略。我相信只要我们任课教师用心努力，我们的生物课堂一定会焕发出无限的生机和无穷的魅力。

三、让教科研更接地气、更富有灵魂

我们大家都知道，教研组是学校管理和教学研究的基层组织，也是学校教育教学工作的具体实施者，它对学校管理体系的顺畅运行、教育目标的实现、教育质量的保障都起着关键的作用。要搞好教研活动，教研组必须开展各种形式的研讨活动。

备课活动：在备课的时候，我们不仅要备知识，更要备学生。主备教师需要说清楚每节课的重点如何来突出？难点如何来突破？课堂采用的方式方法有哪些？学生或老师需要提前做些什么准备？等等。像生物学科常常需要做实验，就要提前做好安排，并准备好材料。同时，在备课过程中，主备教师还要预测学生学习时可能遇到的问题及解决方法，等等。当然，在备课过程中，除了主备主讲，其他老师也要随时发表意见或建议。面对学生的不断变化，我们教师也要不断学习成长，我们备课的内容也要不断地变化。

听课评课活动：听课评课活动是教研活动的一种主要内容，教研组应该经常组织这样的活动。比如，老教师指导年轻教师的听课评课，年轻教师向老教师来取经而进行的听课评课活动，或是为了参加赛课或公开课而进行的听课评课。当然，很多时候，更是为了相互学习而进行的听课评课活动。在听课评课活动中，教师们应该畅所欲言，不要顾忌太多，对课堂中到底应该采用哪种方式方法更恰当，甚至都可以争辩。很多时候，我们就是在这种激烈的研讨中，一节课才变得更加精彩。所以，教师应该经常组织听课评课活动来研究教材、教学方法、学情、学习方法等。其实很多时候，我们对很多问题的研究与讨论可能没有正确答案，但是通过经常性的研讨活动，教师的思维、兴趣与激情必然会得到培养与激发，教师的业务水平也自然会得到提高，教研组的地位与重要性自然也能很好地体现出来。

记得有这样一句话："无论你是谁，你在哪里，只要你有行走的欲望，平台就会在你的努力中不断延伸。"如果我们在组内能经常组织这样的听课评课活动，我相信我们每个教师的能力都会在不知不觉中得以提升。

科研活动：我们常说，科研促发展。作为教研组的科研，就应该是"以研促教、以教促学"。我曾经组织我们生物教研组开展了"利用本地生物资源，开发校本教材的探索"。通过立足于当地生物资源优势，充分利用学生身边的那些看得见、摸得着的实例，编写出一本适合我们学校学生需要的生物校本课程——《身边的生物》。我们通过这个课题的研究，不仅调动了教师的积极性，也激发了学生学习生物学的热情。

教育家苏霍姆林斯基曾说道："如果你想让教师的劳动能够给教师带来乐趣，使每天上课不至于变成一种单调乏味的义务，那你就应当引导每一位教师走上研究这条幸福的道路上来。"

四、让实践活动丰富多彩、让社团更有灵魂

在我们学校丰富多彩的社团活动中，活跃着一支富有特色的社团，它就是——我们生物组负责的"红蜻蜓社团"，它现在已经逐渐成了我们校园中一道亮丽的风景。社团活动不仅能激发学生的学科兴趣，对常规课堂教学也是一种补充。但是，对我们教师来说，却是一种挑战。

教育的最高境界就是信仰。理想的教育应该是有灵魂的教育，有灵魂

的教育就是以学生发展为本，面向全体学生，尊重学生个性，启迪学生智慧。既然我们选择了教师这一职业，我们就潜下心来做好绿叶那平凡而谦逊的事业，告别浮躁，不断提升自己的职业素养，把最好的自己献给教育事业，同时，不忘初心，努力提升自己的职业素养，努力做一名有灵魂的生物老师。

我是如何备课的

我备课，主要是从以下几个方面着手的。

一、要备《课程标准》

《课程标准》是指导教学的纲领性文件，要备好课首先认真学习课程标准，领会其精神实质。因为《课程标准》是国家管理和评价课程的基础，是教材编写、教学评估和考试命题的依据。《课程标准》不仅规定了国家对不同阶段的学生在知识与技能、过程与方法、情感态度与价值观等方面的基本要求，还规定了各门课程的性质、各学科应达到的标准以及内容框架，规定了学科的性质与地位、课程目标、课程内容及各学段安排。另外，《课程标准》对教材编写、教学要求、教学评价等也都作出相应的规定和要求。因此，备课中首先要学习《课程标准》。

二、要备教材

教材是教学工作的直接依据，全部教学活动都离不开教材。只有钻研教材才能深刻领会教材的指导思想，才能准确确定教学目的、重点和难点，才能在教学中有的放矢，提高教学质量。钻研教材，就是要通晓全部教材。

三、要备学生

教学过程是师生的双边活动，是教师的主导作用和学生的主体作用的统一。教学如果离开了学生的积极思维和主动学习，教学工作就难以完成。不了解学生，你的教学就是唱独角戏，就会是一言堂。要想把学生的积极性和主动性调动起来，就必须了解学生、把握学生。

四、要备教法

作为教师必须了解和掌握本学科的全部教学方法，并能依据教学内容恰当地选择教学方法和教学模式。高水平的教师还能依据自己的教学风格总结适合自己教学方法和教学模式。拟定教学方法和教学模式，必须从实际出发。俗语说：教学有法，但无定法，就是说在教学模式和教学方法的选择上必须以时间、地点、条件为转移，要依据学生的实际情况和教学内容来确定。

五、要备学法

新课程强调基础教育要满足每个学生终身发展的需要，培养学生终身学习的愿望和能力，改变过于强调接受学习、死记硬背、机械训练的现状，倡导学生主动参与、乐于探究、勤于动手，培养学生收集和处理信息的能力、获取新知识的能力、分析和解决问题的能力以及交流与合作的能力。所以，我在备课中要帮助学生选择那些有利于培养独立性和自主性的学习方法，引导学生质疑、调查、探究，使学生的学习成为在教师指导下的主动的、富有个性的过程。

继续做好"导学探究，民主高效"课堂教学模式

我校在全校范围内推行了"导学探究，民主高效"课堂教学模式。结合这个教学模式的各个环节，浅谈一下：新学期将怎样继续做好"导学探究，民主高效"课堂教学模式。

一、课前展示

俗话说得好，"良好的开端是成功的一半"。课前展示作为一节课的开端，虽然很短，但却有着极其重要的地位。可以说，恰当巧妙的富有吸引力的课前展示可在短时间内稳定学生情绪，引起学生注意，激发学习兴趣。

那么，课前展示到底应该展示什么？以什么方式来展示呢？由谁来给大家展示呢？新理念告诉我们："教师为主导，学生为主体"，是全面实施素质教育的基本要求。所以，在实际教学中，我们应该把"以教师为主导，以学生为主体"的思想贯彻在我们整个的教育过程中。因此，"课前展示"这一环节，我在下学期要尝试完全放手给学生，让学生按小组顺序来进行课前展示，老师和各小组组长负责评价。

为了使课前展示既能顺利进行，又能达到预期目标，我对学生加以点

拨，让学生明白：课前展示的内容必须是与本节课相关的知识，展示方式方法有很多，比如，可以是复习提问、演讲、故事、幻灯片或多媒体展示、小品、小实验等。课前展示的时间要求在5分钟左右。

这样，把"课前展示"放手给学生，既能为学生提供一个展示自我的平台，又易使学生们产生思维的火花、激情的碰撞，彼此加深了解，促进交往。

二、目标导学

结合学生的"课前展示"，由老师导出本节课的"目标"。"导学目标"的确定主要依据课程标准、教材、学生的认知情况。确定"导学目标"要注意以下几点：①导学目标要以学生为主体，是学生活动的主线；②导学目标展示的主要是知识、能力、方法方面的要求，而情感教育及其他目的，则要在学习活动中，潜移默化地进行并达成的；③导学目标的表述简单明了、干净利落，让人看后一目了然；④导学目标要以不同方式具体明确地呈现给学生。

在《生物的特征》一课中，我可以展示的导学目标是：①你能描述身边的生物，进而区别生物和非生物吗？②从自身的生活经验和所掌握的知识，通过阅读课文、小组讨论等活动，你能说出生物的基本特征吗？③通过本节课的学习，你会以怎样的态度对待身边的生物？

这样，通过导入目标，就会使学生明确地知道学什么和怎么学，切实发挥了教师的主导作用，体现了学生的主体地位。

三、自主探究

结合上述"导学目标"，教师要指导学生阅读教材。这样，既能让学生明确本课要学的内容，又能提高他们的阅读能力和理解能力。在此基础上，鼓励学生尝试回答这些问题，教师通过学生对问题的回答情况，及时了解学生的自学情况和对知识的理解程度。在此环节中，教师应该特别关注那些基础较差、学习缺乏主动性的学生，适当地多给他们一些"表现"的机会。同时，教师要根据学生回答问题的情况，及时给出鼓励性的评价（或加分）。这样既有助于学生建立自信心，又有助于激发学生主动学习的热情。

通过学生的自学和回答，对于一些简单的、浅显的目标，学生自己就能够完成了。作为教师，我们一定要学会放手，让学生自己去体验学习的乐趣。

对于一些还需要进一步深入和细化的目标，应该是教学的核心部分，学生是很难自己学会的。有句话说得好，"教师只讲学生自己不能学会的"。接下来的主要任务就是围绕着这些目标来进行小组探究活动，让学生在发现、讨论、申辩中，发现自我，张扬个性，从而体现创造的乐趣。

四、实践创新

也许，让学生探究会花费较长时间，甚至在探究活动中，还会充满曲折与挫折。我们要知道：这正是学生增长智慧与才干的良好时机，是学生的创新思维得以萌发的土壤。学生通过探究，思维会在碰撞中迸发出灵感的火花，体验到"发现"的乐趣。所以，教师切忌不要频频发问、不断插话，去打断学生的思维，甚至使学生陷入"操作工"的境地，从而扼杀了探究过程中创新的幼芽。

实践证明，平等、民主、和谐、愉悦的集体环境能激发学生的最佳创造力。因此，我们首先必须给学生营造一个比较宽松的时空条件和心理空间，形成有利于培养学生创新能力的适宜"气候"和"土壤"，可通过给学生以信任、鼓励，增强学生的自信心。同时，要尊重学生提出的各种问题，让学生自由地联想、大胆地质疑，促使学生主动创新。在课堂上，不仅要让学生学会解决问题，还要让学生发现问题、提出问题、设计问题。

作为生物学科，为培养学生的实践创新能力，还应该重视学生的制作与实验。制作和实验在生物教学中有着不可替代的作用，它在整个活动过程中能不断提供给学生动手思维的机会，让学生在动手中思维，在思维中动手，是促使学生爱创新的极为有效的途径。所以，在新学期，我要争取做到：能让学生动手做的就不能以教师演示代替，能给学生演示的就不能以多媒体展示代替，能用多媒体展示的就不能以说来代替。

五、总结升华

通过展示课堂练习题对知识进行归纳，或组织学生通过交流对本节课内容的所感所思所得，拓展学生的知识面，使学生的思维得以有效发展，能力得以提升，进而提高生物教学的有效性。

以上就是我在新学期关于如何做好"导学探究，民主高效"课堂教学模式的一点想法。也许，在实际操作过程中还会遇到很多问题，我会和同事们一起交流、探讨、合作，使自己的教学方式不断得以改进，教学效率不断得以提高。

在课堂中创设情景、激发学习兴趣的
几点做法

子曰："知之者不如好知者，好知者不如乐知者。"由此可知，兴趣是学生学习最好的老师，是学习活动的强大动力。如果学生对学习产生了浓厚的兴趣，学习的积极性就会提高，思维也就会更加活跃。

我通过多年的教学实践，特别是近些年来在教育教学改革实验活动中的不断探索，对于"在课堂中创设情景、激发学生学习兴趣"总结出自己的一些做法，具体如下。

一、精心设计导言，调动学生的学习兴趣

有这样一句话："良好的开端等于成功的一半。"课堂教学也是这样。一堂课的开头十分重要，它会直接影响到学生的学习兴趣、情绪、注意状态等。精心设计的导言，能点燃学生思维的火花，它会像磁铁一样吸引住学生，不仅能激发学生的学习动机，更为整个课堂的教学打下良好的基础。

用贴切而精练的语言，正确而巧妙地导入新课，能激发学生强烈的求知欲望，引起他们的浓厚兴趣。而好的导言，可以从问题导入，也可以由故事导入，还可以从生活经验、实验现象等导入。比如，在《尿的形成和排出》

一节中，我以一个"儿子为妈妈捐肾"的故事导入新课。这样的导入，不仅对学生进行了关爱家人、关爱社会的教育，同时，也激发了学生学习本节课的兴趣——肾脏的结构到底是怎样的而使它那么重要呢？再比如，在《生态系统》一节，我是这样引入的——"老师想向大家作一个小小的调查：大家喜欢爬山吗？有哪些同学曾经到深山里去玩过呢？"（学生们七嘴八舌地回答），我接着说："今天，老师先带大家到一座大山里去看一下。请大家看一个视频文件。这是一片大森林，请大家大胆猜想一下，在这里可能有哪些生物的存在呢？"利用这样的情景导入，激发了学生学习本节课的兴趣。

在课堂中，我想无论采用什么样的导入方法，导言的设计都要引人入胜，使教材内容能以新鲜、活泼的面貌出现在学生面前。只有这样才能最大限度地引起学生的兴趣，激发他们的学习积极性。

二、创设愉快和谐的情境，激发学生的学习兴趣

奥地利教育家贝尔纳曾说过："没有情感的教育不会成为成功的教育；没有情感的课堂不是成功的课堂。"由此可知，创设一种愉快和谐的教学情景，是唤起学生学习兴趣并促使其主动学习的基础。作为当代教师，我们要不断去尝试、去创设一种"以人为本，以学生为中心"的课堂环境，精心去营造一种使学生个性能得以自由发展的宽松环境，以调动学生的学习主动性，使他们产生学习的强烈愿望。

在课堂教学中，只有我们努力去创造一种自由、宽松、民主、平等、和谐、信任、愉悦的课堂氛围，才会使学生的个性潜能得到释放，这样，学生才能把精力放在学习上，进而进行愉快的学习，积极主动地去探索。比如，一次我的课堂中，教室里突然飞进来一只小鸟，顿时课堂有些混乱。当同学们把抓到的小鸟放入我手中的时候，我没有批评、指责学生刚才的骚动，而是保护了学生们的好奇心，就地取材，利用手中的小鸟和同学们一起复习了一下前些日子学过的"鸟与飞行相适应的特点"，然后与同学们商量应该如何处理这只鸟。最后，尊重了学生们的愿望，我们一同放飞了这只小鸟……

我想，这样的课堂才是真正具有灵动生命力的课堂，这样的课堂才是个性张扬的课堂，这样的课堂才是符合学生学习规律和教师教学规律的课堂，这样的课堂是会让学生一生都难以忘怀的课堂。

三、利用直观的教学手段或亲身体验创设情景，激发学生的学习兴趣

教育，不仅应该关心学生是否学到知识，更应关心学生是否获得了体验、体验到了什么。很多时候，学生只有通过亲身经历了探索、发现的过程，通过自己动手实验、调查、搜集、整理和分析信息，以及进行讨论和交流，形成结论，才会学以致用，才会用学到的知识去解决实际问题，才会真正成为学习的主人。

可以说，通过让学生亲身体验，能提高学生的学习质量，促进学生对学习的感悟，也能激发学生的学习活力。比如，我在教学《人类对细菌和真菌的利用》一节时，把本节教材内容重新进行了整合，鼓励一部分有兴趣的学生动手制作、主动探究、课堂汇报，激发全体学生的学习兴趣。在课堂上，我努力营造一种平等、民主、和谐的氛围，力争把讲台让给学生，使学生成为课堂的主人，使自己变为学生学习活动的组织者、指导者、调控者、参与者。学生通过自己的亲身体验，极大地提高了学习的积极性，体会到了学习的快乐。

创设情景的手段和途径还有很多很多。作为教师，我们在课堂教学中，应该善于挖掘教材中的创新因素，在教学过程中用心去营造一个良好的学习氛围，创设各种不同的情境，以"润物细无声"的方式，使课堂具有很强的凝聚力、吸引力和感染力，发挥好课堂教学中的情景效应。这样，不仅能激发学生的求知欲望，增强学生的学习兴趣，对发展学生的智力、能力都具有重要的作用，而且对于促进素质教育的深入发展，提高教学质量都会产生积极而深远的影响。

我是怎样进行"状态教学"的

——让课堂充满激情

黑格尔曾说过这样一句话："世界上的伟大事物都是靠激情来成就的。"的确，激情是一种强烈的情感，它能让人兴奋、充满活力。一个充满激情的人，他会时时用自己的激情去感染周围的每一个人。

作为一名教师，我们更应该明白这个道理。

在课堂中，我们面对的是一个个活生生的人，他们不是一个个被动的知识接受者，我们要用激情去点燃他们智慧的火把。在课堂教学中，只有注入了我们的激情，才有可能激活学生的激情，使丰富的情感洋溢在课堂的每一个角落，让每一个学生都能切身体会到学习的乐趣。

苏霍姆林斯基说："要把握住儿童的注意力，只有一条途径。这就是要形成并且保持儿童的这样一种内心状态，即情绪高涨、智力振奋的状态。"

下面，我结合我的教学实践，谈一谈我在生物教学中是如何努力让课堂充满激情的。

一、以饱满的热情点燃学生的学习激情

有句话说得好，"激情比才能更重要"。在课堂中，如果教师能激情高

涨，神采飞扬，自然就会感染学生，从而能最大限度地刺激学生的脑细胞，使他们完全投入到学习中，愉快地接受新知识，从而达到事半功倍的课堂效果。

老师的激情就是火种，能一下子点燃学生求知的欲望，课堂气氛也会随之活跃起来。我常告诉自己：要努力把微笑带进课堂。试想，如果一个教师上课没有激情，对工作缺乏热情，又怎么能去激发学生呢？教师只有将激情与热爱注入课堂，才能用自己的激情去点燃学生的生命，去激活学生的生命。

因此，不管我们教师在踏进课堂前有多么的不快、多么的萎靡，一旦开始上课，就必须打起十二分的精神，全身心地投入到教学中去，以自己的激情感染学生，吸引学生去专心听讲，调动学生去积极思考、参与讨论，从而提高上课效率。

二、利用偶发事件、突发的奇想点燃学生的学习激情

在课堂教学中，我们经常会遇到一些偶发事件，让你始料不及。如果老师能针对课堂上的偶发事件及时因势利导，随机应变，这样灵感性的发挥创造，有时候更容易点燃学生的学习激情。

记得有一天，和往常一样，我踩着上课的铃声走进了教室。

也许，是因为雨后空气特别清新，人的心情也变得特别好的原因吧，教室中的学生竟那么兴奋，说笑声远远压过了上课的铃声。直到看到我已经站在了讲台上，他们才意识到已经上课了，教室里逐渐安静下来。忽然，我的目光被在他们头上飞来飞去的一只小鸟吸引了。哦，原来刚才他们是在捉这只小鸟。看到我也发现了这只鸟，教室里几个手疾眼快的男生一下子就把它抓住了，教室里响起了一阵欢呼声。

小鸟被送到了我的手中。

看来是一只刚出窝不久的小麻雀。也许，不谙世事的它看到了可爱的孩子，也来凑热闹？很快，我有了灵感。

"大家知道它是什么鸟吗？""麻雀！"学生很快答道。"那么，大家知

道它吃什么吗？身体分哪几部分吗？……"我开始利用这难得的实物引入鸟类的有关知识。

也许因为小鸟是意外的收获，学生都极有激情，踊跃发言。

不知不觉中，学生们从这只小麻雀身上收获了很多关于生物学的知识。

最后，我征求学生的意见："这只小麻雀我们该怎么处理呢？""放飞！"学生竟齐声回答。带着师生共同的心愿，我在全班学生的注视中走到了窗口，放飞了这只可爱的小麻雀。教室里顿时响起了一阵掌声。

那堂课中所涉及的课本的有关内容，现在我已经记不住了，学生们也不一定都记得。可是，我敢肯定的是，那节课前所发生的故事一定会让很多学生记忆深刻，也许，会让他们终生铭记。

苏霍姆林斯基说："教育的技巧并不在于能预见到课的所有细节，而在于根据当时的具体情况，巧妙地在学生中不知不觉地做出相应的变动。"

三、用丰富、幽默的语言来点燃学生的学习激情

在多年的教学实践中，我感觉到一个充满快乐愉悦的课堂能给学生很大的感染力。当然，营造快乐愉悦的课堂方法有很多，我认为幽默应该是一种最简单易行的方法。幽默是教师知识修养和人格魅力的展示，是融洽师生关系的润滑剂。教师风趣幽默的语言不仅能活跃课堂气氛，培养学生的兴趣，还能启迪学生的心智，给学生以美的享受。

偶尔恰当地幽默一下，会让课堂产生意想不到的效果，课堂可能会因此而激情飞扬，学生也会不自觉地融入其中，从而乐于学、主动学。

四、给学生一个表演的舞台来点燃学生的学习激情

课堂教学不能是教师一个人的"表演"，更不能是教师的"满堂灌"。学生参与是激发学生思维的基本前提。老师讲得精彩与否，应该是通过学生的兴奋、活跃、积极参与探究等形式来体现的。一节成功的课，其落脚点是学生学得好不好。课堂应该是学生的舞台，教师要把精彩留给学生。当然，

必要的讲解是不可缺少的，但不能是完全的"自弹自唱"。这种思想说起来好像简单，做起来却不易，很大程度上应该是思想理念问题。

作为教师，我们应该努力去做一个合作者、引领者，做幕后的导演、场上的配角。如果一个老师能做好这些，我想，学生自然而然都愿意合作，老师自然而然也就能够激发出学生学习的激情，学生也会有精彩的表现。

五、利用一些先进的教法和一些先进的教学手段来点燃学生的学习激情

随着社会的发展，人的感觉器官接受的刺激越来越多。如果刺激物缺少新异性，兴奋性就会降低。作为教师，我们要尝试着不断创造出新的刺激，让学生的感觉器官保持亢奋。这就要求我们的教学方法和教学手段也应该与时俱进，不断地进行改进，以激发学生的学习激情。

例如，我在组织学生学习《生态系统》一节时，我先用多媒体课件向学生们展示出各种类型的生态系统，如草原生态系统、森林生态系统等，然后再加以生动形象的语言描述，让学生感同身受，仿佛置身于其中，能感受到草原生态系统中的新鲜空气、草的气息；能听到森林生态系统中小鸟的鸣叫……然后，我再用动态的画面展现出在这些生态系统中"吃"与"被吃"的一些现象……这样，大大刺激了他们的感官，让学生情不自禁地融入课堂教学之中。变"要我学"为"我要学"，大大提高学生的学习效率。

当然，点燃学生学习激情的方法还有很多很多。作为一名教师，我相信，只要我们用心去琢磨，在"激"上下功夫，讲究"激"的艺术，我们的课堂一定会充满激情。只有这样，我们才会成为深受学生欢迎的老师，我们的孩子也会在自信中走向成功的彼岸。

小初衔接问题的想法

作为七年级的班主任，对于新入学的学生，我们所关注的重点很多。比如，各种习惯的培养：①执笔正确的习惯。②书写工整的习惯。这两个习惯看上去很小，但如果没有养成，会严重影响学习效率和成绩。③会听课的习惯。初中的课堂，知识量相对比较大，如果不能专注听课，学生很容易走神。所以我们要求孩子在课堂上必须做到：动手、动口、动脑。动手，就是要把课堂中关于重点、难点的知识及时记录好；动口，就是要及时回答老师的问题；动脑，就是要认真思考。这些，对于提高课堂效率非常重要。④当天内容当天复习的习惯。初中的作业，不仅仅是书面作业，还有一项更重要的作业是一定要把当天内容及时复习巩固。要提高成绩，这一环节非常重要。⑤学会整理错题的习惯。通过对试卷分析，我们会发现，学生在考试中出现的问题，往往都是平时中一错再错的内容，所以要引导学生学会整理错题。

作为班主任，除了关注学生习惯的养成之外，我们也非常关注学生能力的培养。比如，①自主学习能力的培养。②小组合作能力的培养。③观察能力的培养。④动手实践能力的培养。⑤语言表达能力的培养。⑥分析思维能力的培养。⑦执行力的培养。⑧整理能力的培养。如果学生的这些能力得不到培养，必然会影响学习成绩，也必然会影响未来的发展。

在关注习惯的养成和能力培养的同时，作为班主任老师，我们还非常关注孩子的情感、能力及价值观方面的培养。比如，①在小组合作中，除了注重培养学生的合作能力外，还注重引导学生要学会彼此尊重，要学会宽容、善待同学。②初中的学习压力相对较大，如何帮助学生树立自信心？如何来引导学生正确地面对每一次考试？如何帮助学生正确面对考试成绩的好与坏？……这些，都是我们非常关注的。

作为班主任，我希望通过我们的努力，让学生能够会学习、会做人、会做事，希望孩子们能健康快乐地成长。

关注时事，努力提升学生的视野和格局

在外人眼中，我的班级一直非常优秀：学生们的学习成绩比较突出，运动会名列前茅，班级纪律也从不用老师操心。即使我经常外出开会、培训，学生做事也井然有序……可是，我却知道班级学生存在很多问题，班级很多不如意的现象也一直困扰着我，却一直找不到解决的方法：很多学生没有远大理想，只知道关注分数；很多学生缺乏学习的动力和激情；很多学生从不关注民生，不关心国家大事……

"两耳不闻窗外事，一心只读圣贤书"，这句话常常被用来批评一些只知道读死书、不关心时事的人。可是今天，当我们周围的各种声音不绝于耳，我们身边的大事小事连续不断的时候，我的很多学生们，他们却无动于衷。作为教师，在新的历史条件下，我们的确该好好思考一下"培养什么人、怎样培养人、为谁培养人"的问题。

我们常说，教育兴则国兴，教育强则国强。对于当今中国来说，教育不仅仅承载着传播思想、传播真理、塑造灵魂的时代重任，更承载着中华民族伟大复兴的重要使命。

当前，很多学校和家长片面地追求升学率、过度地看重分数，过度地强调对学生知识的教育，而对学生的公民教育却被忽视、被弱化。很多学生不关注时事，公民意识不强；社会责任感较强，缺乏清晰规划和奋斗目标；做事总以自己为中心，对别人漠不关心；缺乏社会公德意识，漠视公共秩序，肆意损坏公共财物；等等。

如何来调动学生的积极性？如何增强学生的责任意识、担当意识？如何提升学生的视野和格局？我一直在思考并尝试努力却始终效果不明显。

那一次，我有幸参加"第十八届全国基础教育学习论坛活动"，听了很多专家学者的报告，我顿然醒悟，明白了"认知高度决定视野，视野决定格局的大小"的重要性。

俗话说：心有多大，舞台就有多大。志存高远的人往往格局宽广，且具有浓厚的家国情怀，能够胸怀天下，"先天下之忧而忧，后天下之乐而乐"。一个人格局宽广、眼界高远，知道自己从哪里出发、要到哪里去，就会有明确的人生方向，自觉追求远大理想。理想远大、格局宽广的人，往往具有很强的抗挫折能力。如果一名学生坚定理想信念，胸中有大格局，就会具有"咬定青山不放松"的干劲、"千磨万击还坚劲"的韧劲，遇到再大困难都不会退缩。他明白：人生不可能一帆风顺，难免会遭受一些挫折。

通过分析，我觉得学生存在的主要问题还是他们的格局不够宽广、视野不够长远，因而经常被眼前的困难吓倒，做事也缺乏动力。通过以上分析，我觉得提升学生的视野和格局在当前是非常重要的。

关注时事，提升公民素质，既是学生爱国意识形成的重要表现，也是他们成长与成才的内在需要。任何教育阶段，学生对于时事的漠然无知，对于公民素质教育的缺失，都不利于国家人才培养战略目标的实现。一名优秀的学生不仅要有扎实的科学文化知识，更要有强烈的公民意识，关心国家大事，关注民生民情。"家是最小的国，国是千万家。有了强的国，才有富的家。"这是《国家》中的歌词，它用简单的语言讲明了家和国的关系。

所以，对于我们教师来说，应该充分利用各种资源，抓住各种有利时机，引导学生关注时事，对学生进行公民教育，来提升学生的视野和格局。这不仅是学校教育的重要内容，更是学校教育不可缺少的部分。

作为教师，我们不仅应该自己关注身边的大事小事，更应该结合身边的大事小事来提升学生的视野和格局。比如当两会开始的时候，我们可以让学生看一看"两会"现场直播，增强学生的社会责任感，还可以让学生交流两会的热点问题，甚至可以让学生尝试写议案或建议。通过发生在身边的大事，让学生关注时事，帮助学生正确认识国内外形势，养成关心国家大事的习惯，进而激发爱国主义情感，逐步树立正确的政治观点和价值观念。

作为教师，培养学生的家国情怀、社会责任是我们的历史使命，这也考验着教师的格局和胸怀。我们要意识到自己身负的重任，我们培养的学生需要责任担当，需要社会认同，需要国际理解。我们要"家事国事天下事，事事关心"，不仅要教育学生有本土情怀，关心国家大事，更要培养学生的国际视野，提升学生的国际理解能力。

如果我们的学生具有了广阔的视野，拥有了开阔的眼光和远见，他就能够在嘈杂的声音中分辨出未来的方向，从而确立自己的人生目标和理想，并为此而持之以恒、坚持不懈地努力。

视野决定格局，格局决定高度，高度成就人生。期待在我们共同的努力下，我们会为国家培养出一批关心社会、关心他人，具有研究精神，有实践能力，有个性特长、强健体魄的人才。

让读书成为一种习惯

书，是开启智慧的钥匙；书，是瞭望世界的窗口；书，是知识的源泉；书，是人类进步的阶梯。古人云："读万卷书，行万里路。"培养良好的阅读习惯，让孩子爱上阅读，他将同时学会爱的方式，会懂得爱自己、爱他人、爱生命、爱世界。

为了培养学生爱读书的好习惯，丰富学生的课余生活，净化学生的精神世界，提高学生的文化修养，我从努力营造班级良好的读书氛围入手，力争把班级打造成"书香"班级。主要做法如下。

一、让班级读书角不再成为一种摆设

班级是学生成长的摇篮，要让学生爱读书，首先就要在班级营造良好的读书氛围，用读书环境来引导学生走入"书香世界"。

在本学期开始，我便着手建立班级图书角，图书角的图书都来自学生，很多学生都能把自己手中的好书带到学校与其他同学共享。班级设立了一位图书管理员。由于平常的时间学生都忙于上课和做作业，所以定于每周五中午是借阅时间，每周一是还书时间。

或许是学生们意识到了读书的重要性，抑或是深刻理解了"书非借不能读也"的道理，班级图书管理员在每个周五的中午都特别忙碌，中午放学时间一到，学生们都会争先恐后地向她报自己要借阅的书籍。

班级图书角引导学生喜爱上了课外阅读。孩子们的读书兴趣浓厚起来，孩子们在阅读中获得快乐，在快乐中享受阅读！

二、积极搭建读书交流平台

为了进一步营造班级浓郁的学习氛围，塑造内涵丰富、品位高雅的班级文化，提升学生们的综合素质，班级每天中午都有固定的"读书交流活动"。由班长主持，每组轮流进行。

当看到学生们认真地准备着读书交流内容，有感情地朗读着他们精选的交流内容，仔细地思考并交流着他们的感悟……我真的很感动。记得有一次，班级一个特别调皮的学生小毕，那天轮到他们组上前交流，他作为小组的代表上前给大家读了一个要尊重他人的哲理故事。故事讲完之后，他郑重其事地让大家谈听了故事的收获，当大家都谈完之后，他非常认真地说："尊重他人是一种高尚的美德，是个人内在修养的外在表现。尊重，是人的一生修养以及自我内涵的表现，也是人所必须具有的品质。我们只有尊重他人所尊重的一切，尊重别人的爱好和兴趣，才能和他们产生共鸣，成为朋友。以前我有很多不好的行为习惯，希望大家能原谅，以后我一定会努力改正自己的问题。"听到这样的反思，作为教师，该是多么欣慰！

我们都知道，读书，可以拓宽眼界，获得丰富的知识；读书，可以明理，学会如何做个有修养的人；读书，还能提高阅读能力，养成良好的学习习惯。冰心说过："读书好，好读书，读好书。"希望这一本本好书，一个个好的故事，真的可以使学生心灵充实、明辨是非，使学生有爱心、行为文明、礼仪规范……

通过半年的尝试，我觉得不仅孩子们的学习状态在逐渐进步，而且越来越懂礼貌、明事理了。我希望，在我们用心的引领下，孩子们能在复杂的环境中认清真理和谬误，以扎实的知识储备驾驭人生。希望孩子们能在书香中成长，希望读书成为孩子们的一种习惯。

分组·调座

——班级"小组化"管理的实施记录之一

著名的教育家苏霍姆林斯基曾说过，"只有能够激发学生进行自我教育的教育，才是真正的教育"。对于班级管理工作来说，采用小组化管理这种模式，可以让学生在学习、纪律、卫生、体育锻炼等方面产生一种竞争机制，为学生的自我教育、自主管理提供了平台。

"分组·调座"无疑是做好班级"小组化"管理的前提工作之一。那么，如何来划分小组？如何来确定小组成员的座位？在实践中，我在这方面做了一些尝试，今天就以班级"小组化"管理的实施记录之———"分组·调座"为题，与大家共同探讨。

记得八年级暑假即将结束的时候，我便开始琢磨班级的"分组·调座"工作了。和上次一样，开学前，我提前把六位组长请到学校来共同完成这一艰巨的任务。

那天下午，当我进入教室的时候，发现六位组长已经坐在教室里等候了，他们手中各持有一份上次考试的成绩单。看来，已经做好一切准备了。于是，一场隆重的"分组·调座"工作开始了。

首先，请六位组长先按抓阄的形式排出顺序号，然后，请六位组长按顺序号坐好。第一轮，从1号组长开始各选一名组员；第二轮，从6号组长开始再各选一名组员……依次，每一轮都按这样的蛇形顺序有条不紊地进行着"分组"工作。

　　不要以为各位组长仅凭手持一张成绩单就会完全按成绩来进行选取。其实，各组长有了前几次的分组经验以及以往班级在小组评比方面的全面性，他们考虑问题已经非常周全了。比如，他们除了要考虑成绩以外，还会考虑纪律情况、特长情况、男女生比例以及是否适合自己的管理，等等。

　　通过以往的分组经验，我觉得让组长来直接选取组员，比老师直接指派分组要好得多。一方面，他们在某些方面对同学的了解可能比我们老师对学生的了解要更深一些；另一方面，由于组员都是组长自己选的，所以，很多时候，组员会很给组长面子，这样有利于组长的管理。

　　整个"分组"过程都在一种严肃、紧张的氛围中有序地进行着，每位组长都极为慎重，生怕一不小心被别人"捡漏儿"。

　　终于，"分组"工作结束了。

　　可以说，每学期的"分组"工作已经成为班级学生关注的一个热点问题。虽然这一过程进行得很快，但我知道，这一工作已经在各位组长的脑海中酝酿了很久了，甚至有的组长说都已经考虑了一个假期了。从各位组长分组后的表情上看，他们对于这次分组的结果基本上还是比较满意的。

　　紧接着，开始进行"调座"工作。我先让各位组长根据自己组的组员情况进行组内座位搭配，然后，请各组长把他们的设计方案上交给我。从他们的设计方案中可以看出，每位组长都非常用心地安排座位，考虑得很细致，既考虑到身高问题，还考虑到学习上的互帮互助以及纪律问题，等等。

　　在各组设计方案的基础上，我综合考虑，适当地调整了一下（当然，前提是征得各组长的同意），然后把各组在教室里的具体位置进行了安排。于是，"调座"工作也基本结束了。

　　最后，安排一名组长，把调整好的学生座位号写在了黑板上。当学生返校一进入教室的时候，便能顺利地坐在自己的新座位上。

就这样，一场轰轰烈烈的"分组·调座"工作圆满地结束了。

在当今教育改革的过程中，"分组·调座"工作是很多班主任每学期必做的工作内容之一。可以说，"分组·调座"工作绝对能体现出一名班主任的教育管理水平和工作的艺术。如何来进行分组？如何来进行调座？这的确是值得我们班主任老师深思的问题。由于我们的学生是在不断变化的，我们的班级是在不断变化的，所以我们的工作方法和艺术也要在不断改变，只有这样才能不断适应新的需要，才能更有利于班级的管理和优良班集体的形成。

培养学生的整理能力

——小游戏"找卷子"

中午，吃完了午饭，同学们陆续走进了教室。当大家都到齐后，班长走到了讲台前，组织大家坐好，然后大声说："下面，我们开始进行'找卷子'小游戏！"全班同学立刻把各自书包里分类整理好的试卷都拿出来放到了书桌上。班长接着说："请全体起立！请大家把数学第五张试卷找出来。找到的同学请坐下。"很快，同学们陆续找出班长指定的试卷并坐下。偶尔，有一两名同学或因速度慢，或因卷子丢失而被扣分。

这样的小游戏，在我们班的教室里经常上演。

作为初中的班主任，我们常常感受到现在有些孩子自理能力较差。上课不是丢了这个，就是找不到那个。到期末复习的时候，各科都开始分发试卷，几乎每节课都有学生没带卷子或是找不到卷子的现象，严重影响了复习的效果。

记得，曾看到这样一个报道：有一个18岁的硕士研究生由于成绩优秀，被指定为留法预备生。这本是一件喜事，但是他在语言学院学了半年就休学了，原因竟是他生活不能自理，一想到马上就要去外国了，就会想："离开父母怎么办？"结果，他经常失眠，身体越来越差，最后不得不休学。

我们知道，一个人如果没有自理能力就不能独立生活，不能独立生活自然就谈不上学习和工作了。如何来提高学生的自理能力呢？我决定就从培养学生整理卷子入手来提高孩子们的自理能力。

首先，我手把手地教会学生如何分类整理试卷，然后通过组长逐个检查并指导组员整理好试卷。最后通过小游戏——"找卷子"来不断强化学生们的整理试卷能力。通过一段时间的训练，学生们不仅能将卷子分门别类地整理好，甚至书包和座位也都整理得井然有序了。

对于学生所欠缺的能力，指责是无济于事的，不如静下心去想一想：如何来培养学生的这些能力呢？我想，这应该是我们教师努力去实现的。

家校合力，助力孩子成长

　　著名教育家苏霍姆林斯基曾说过："没有家庭教育的学校教育和没有学校教育的家庭教育都不能完成培养人这样一个极其细微的任务。"在教育教学管理过程中，家长资源是一种重要的教育资源，家长不同的职业背景、成功的育儿经验、优良品质，都是非常有效的教育资源。作为班主任，如果能利用好这个资源，班级管理会起到事半功倍的效果。

　　在疫情期间，为有效开展线上教学，我充分调动家长的力量，参与班级管理，起到了较好的效果。

一、建立多种沟通平台，打造家校联系纽带

　　我们班级有形式多样的家庭联系方式：电话平台、班主任短信平台、微信（群）平台、企业微信平台等多种沟通平台，能够保证家校联系的质量。班级的微信群有全体家长群、全体学生群、家长委员会群。家长委员会群被我命名为"核心家长团队"，进入这个团队的家长资格不是身份、财富、权力、资源，而是理念、学识、德行、品行、意愿和心态。所以，对于班级孩子出现的问题，我们会在这个群里交流、探讨。

二、调动家长参与班级的晚自习管理

2022年11月2日，学校通知线上晚自习暂停。作为班主任，我是非常不希望晚自习停下的。因为我了解我们班的孩子，自律性强的其实非常少，一旦学校不组织晚自习，班级大多数孩子就会马上松懈下来。面对这种情况，我召集了部分家长进行商讨。

如我意料，很多家长都说出了自己的心声：担心一旦不上晚自习，孩子会马上懈怠下来。在家上自习课，即使有家长陪伴和管理，孩子自习的时候也会一会儿上厕所，一会儿喝口水……很难安安静静地学习，家里"战争"也会频频爆发。而孩子们的懈怠会导致家长们更加焦虑。

聆听了家长们的心声后，我当天便组织了班级十几位有能力、有热情的家长建立了一个"核心家长团队"群，由这个团队中的各位家长轮流进会议室参与班级晚自习的管理。

每天晚自习时间一到，值周的家长便会自动登录班级会议室，陪同孩子们一起上晚自习。为了避免产生不必要的矛盾，我不建议值周家长在会议室里直接指出有的孩子在自习时存在的问题，而是让家长们把发现的问题先公布在"核心家长团队"这个群里。我根据家长们反馈的情况及时处理问题。

值周家长们的工作都非常认真，他们会把发现的问题通过及时总结、截屏等方式发到"家长核心团队"群里，所以，班级晚自习情况我会及时了解、掌握情况，并纠正学生们犯下的错误。所以，线上以来，我们班的晚自习一直进行着，孩子们每天晚上也都习惯了到点就会及时进入班级线上会议室，安静地在线上自习室里自习，促进了学生自觉、自律习惯的养成。所以，线上教学以来，班级的一切都在有序地进行着。

让家长看管晚自习，我觉得既能够促进学校、家长、学生之间的相互沟通，相互了解，使家长们也能体会到老师们平时教学的辛苦和付出，更尊敬老师。同时还可以让家长通过观察对比，了解自己孩子学习时的真实状态，及时发现孩子学习中的问题和短板，有助于家长更好地引导、教育自己的孩子。

三、在家长会中，鼓励成功家长分享经验

在教育过程中，家长和学校就像是一双筷子，必须合力，才能达到最佳的教育效果。在班会中，我经常请一些优秀家长进入班会，讲述他们和孩子共同成长的成功经验。班级的孙雅琳妈妈、蒋睿琪妈妈、崔冠群妈妈、王星潼爸爸等都曾进入我们的班会，和全体家长分享他们的心得，起到了很好的家校合力的教育效果。

家长资源是学校最为丰富、最为宝贵的校外教育资源，请家长走进教室，不仅能使学生更理解家长，也方便家长们更深入地了解班级和学校，更好地促进和推动班级、学校的发展。可以说，家校沟通工作永无止境，未来，我会进一步探索家校沟通的新模式、新途径、新方法，努力做好人民满意的教育。

我是如何培养学生养成良好习惯的

记得有这样一句名言：在孩子的心灵上播种理想，就会收获行为；播种行为，就会收获习惯；播种习惯，就会收获品德；播种品德，就会收获命运。叶圣陶先生也说过："教育是什么，往简单方面说，只需一句话，就是要养成良好的习惯。"

初中阶段，正是增长知识、接受良好道德品质和行为习惯养成性教育的最佳时期。作为一名教师，我们应该在培养他们形成良好的道德品质的同时，注重培养各种行为习惯。学生养成良好的习惯是形成良好班风的基础，是建设良好班集体的保证。

那么，如何来帮助学生养成一些良好的习惯呢？

第一步，提高学生对良好的习惯的认识。我主要通过班团会等方式的教育让学生明白：所谓的好孩子一定是有好习惯的孩子，所谓有问题的孩子一般都是坏习惯很多的孩子。一个坏习惯可能使你丧失了良机，而一个好习惯则可能使你走向成功。每个人都需要养成正确的习惯，否则就会有吃不消的苦头。对于一个学生来说，养成正确的习惯更会终身受益，例如，平时写完作业认真检查，考试的时候仔细审题，与别人有约的事情要牢记在心，老师布置的任务要尽量提前落实，等等。这样的学生不仅学习成绩会好，为人处世方面也会更受欢迎。好的习惯能够给人带来更多成功的机会，坏的习惯往往使你在不知不觉之中走向失败。

第二步，要让学生清楚养成某个良好习惯的具体标准。这就需要老师在实践中结合日常行为规范，具体细致地检查指导，教育学生不光要有耐心，还得有细心。因为只有细致入微的指导，才能培养出真正的好习惯。甚至可以说，没有细节方面的指导，就没有好习惯的养成性教育。

第三步，要适时进行榜样教育。要让学生对养成某个良好习惯产生亲切而向往的感情。青少年时代是崇拜榜样、偶像的时代，我们可以结合他们善于观察和模仿的特点来进行。当然，青少年时期的榜样和偶像并非都是名人，更多的是他们的伙伴。因此，我们既可以选择孩子喜爱的名人，也可以选择孩子的优秀伙伴，作为榜样。引导学生发现榜样的某些好习惯，会对学生产生巨大的影响力。

第四步，要有坚持不懈的行为训练。在学生明确目的的基础上，要让学生由被动到主动再到自动去养成某个良好习惯。一个习惯的形成，一定是一种行为持续了一段时间，当然，不同的行为习惯形成的时间也应该不相同，而且坚持的时间越长习惯越牢。要注意，培养学生的好习惯，关键是在刚刚形成班集体的时候，老师应该格外细心、格外认真、格外有耐心地培养学生。培养学生习惯需要持之以恒，很多好习惯都是这样一步一步地训练出来的。

第五步，要及时评估和奖惩以巩固成果，要让学生在成功的体验中养成良好习惯。真正的教育是自我教育，真正的控制是自我控制。习惯培养的基本方法是"加减法"，也就是说，培养好习惯用加法，改正坏习惯用减法。你想让孩子养成什么样的好习惯，就千方百计地让他不断重复好的行为，出现的次数越多，好习惯越牢。同理，我们可以借鉴这个做法，给孩子一个可以接受的过程，让他们慢慢地把坏习惯改掉。

当然，培养学生养成良好的习惯不是一件简单的事情，但这并不是说习惯培养不起来，我想，只要我们用科学的方法，坚持不懈地努力下去，一定会有收获的。

浅谈班级建设中的环保教育

保护环境，是我们国家的一项基本国策，是实施可持续发展战略的重要内容。保护环境是全社会的责任，是每个公民应尽的义务，对学生进行环境教育在班级教育中占有重要的地位。

过去，由于我们缺乏对环境保护的认识，对环境污染以及人类对地球资源的过度开发不够重视，造成了很多恶果。例如，过度砍伐、过度放牧、过度开采，造成了森林面积的锐减，土地荒漠化不断加剧，矿产资源急剧减少，以及二氧化碳的增加导致了"温室效应"，氟化物的增加使地球的臭氧层的"空洞"越来越大，等等。今天，我们都认识到了：地球，是我们共同的家园。身为地球的一分子，环境保护势在必行！所以，作为教师，我们有责任让我们的下一代能深刻感受到环境保护的重要性，并且能够落实到他们的行动中去。

那么，如何在班级建设中渗透环保教育呢？我们主要从以下几个方面入手进行了探索。

一、环保教育渗透在班团会中

班团会是班主任对学生进行教育的一种重要途径，是班集体活动的重要形式之一。我们利用班会，教育学生环保要"从我做起，从现在做起"。班会上，学生纷纷展现自己的调查报告，一张张图片，一组组数据……令人触目惊心，学生意识到了环保的重要性，从而自发提出倡议"反对任何形式的对生态环境的污染和破坏"，"要自觉与破坏生态环境的思想和行为作斗争"。

二、环保教育渗透在《班级公约》中

在我们学校的每个班级中，都张贴着《日常生活环保公约》，这个公约是由各个班级的班主任老师和学生共同讨论制定的。这个公约对师生的行为起到了一定的约束作用。

三、环保教育渗透在学生的日常行为中

第一，在我们学校，每周五为"清洁日"，在"清洁日"，通过让学生清洁周围的环境，美化校园，增强环保意识。

第二，我们学校的每个班级都有一个环保小队，组长是各班级的卫生委员，他们经常在周六、周日，以班级为单位，走出学校，开展"清除白色垃圾""清洁周围环境"等活动。实践活动使学生达到认识、情感及行为的统一，从而形成维护生态环境的自觉行为。同时，他们还利用课间，为学校清除卫生死角，为周围的花草树木浇水，制作宣传牌，为走廊卫生写宣传语等。通过宣传活动，不仅让周围的人受到了教育，他们也体会到了自己肩负的责任感和使命感。

第三，在日常生活中，我们要求学生要自觉节约能源。教育学生要从节约一滴水做起，从不浪费一度电做起，从不浪费一张纸做起，从拒绝使用一次性筷子做起……使学生在点滴小事中感悟到节约能源的重要性。

第四，做好班级的垃圾分类工作。在我们学校的每个班级中，都有几个纸箱，分别装废电池、废纸、空瓶子……这样，既避免了污染，也做好了资源垃圾的回收工作。

第五，提倡废物的利用。在我们学校，每学期都以班级为单位开展一次

利用废物设计教具、设计科技小作品等活动，起到了较好的宣传作用。

四、环保教育渗透在每个节日中

在日常教育管理过程中，我们各班级都能结合"植树节""节水日""爱鸟周""地球日""世界粮食日"等对学生进行教育。例如，结合3月12日的植树节，向学生进行美化、绿化周围环境的教育；结合4月22日的"世界地球日"向学生进行环境保护教育，使学生懂得保护地球是我们每个人应尽的责任；结合5月31日的"世界无烟日"，开展吸烟有害健康的宣传活动。

五、环保教育渗透在家庭教育中

在家长会上，我们经常向家长宣传有关环保的内容，努力得到家长的支持，从而取得学校教育与家庭教育的一致性。同时，我也发动学生向家长提建议，学生提出了很多可行的建议，例如，使用无磷洗衣粉，减少垃圾的排放，购物自备布袋，拒绝使用塑料袋等，从而使家长和学生双方都以实际行动践行了环保。

总之，通过在班级建设中渗透环保教育，学生都能从日常生活中的一点一滴做起，养成良好的心理品质和行为习惯，每一个学生都意识到了环境保护的重要性，从而自觉地来保护环境，来捍卫我们共同的家园——地球。

我的质量观

生物学是一门自然科学，人类的衣、食、住、行，哪一样都离不开生物学。但是，在现实生活中，不少学生学习生物学的兴趣下降，学习上缺少主动性，严重影响着生物教学的质量。

那么，作为一名生物教师，我们该怎样提高我们生物学课堂的教学质量呢？

教育家赞可夫曾提出："要把教师教学的重点，从过去单纯研究如何教，转向研究学习的主体——学生如何学。"陶行知也说过："我认为好的先生不是教书，而是教学生学。"这些都说明了，要想提高教学质量，必须重视学生的学。

爱因斯坦说过："兴趣是最好的老师。"试想一下，一个视学习为吃苦果的学生，怎么能学好知识呢？所以，我认为要想提高生物学的教学质量，必须激发学生的学习兴趣。

那么，如何激发学生的学习兴趣呢？

首先，教师要营造和谐的课堂氛围。古语云："亲其师，信其道。"这句话道出了亲切和谐的师生关系对培养学生学习兴趣的作用。作为教师，我们都有这个体验，很多时候，学生因为喜欢某位教师，也就对他（她）所教的学科产生了兴趣。因此，课堂上我们要努力发扬教学民主，创设合作氛围，这样既能积极发挥启发、引导、激励的主导作用，又能充分调动学生学习的自觉性和主观能动性，激发学生学习兴趣，使学生积极参与教学过程，变"要我学"为"我要学"。

其次，教师要精心设计和巧妙安排教学内容。对于一些容易使学生感到难以理解的抽象概念、单调枯燥的知识，我们可以在讲授课程之前，恰当地灵活运用直观教具，也可以设法提出一些有启发性的问题，鼓励学生进行讨论，甚至争论，还可以穿插一些生动形象的小故事，等等，这样都可唤起学生的强烈求知欲。

在生物学教学中，我们还要加强直观教学，要重视教材中的实验教学以及实践活动。

在生物学课堂上，我们要合理地选择和使用挂图、模型、多媒体等直观手段，展示或再现不同的生物及其生命活动的情况，这样可以更形象、更直观地向学生传授生物学知识，激发学生的学习兴趣。

同时，作为一名生物学教师，我们要知道，生物学是以实验为基础的自然科学，而实验能力是学生需要掌握的一项基本能力。所以，生物学教师在教学中要充分发动学生，克服困难，创造条件，处理好教材中所选编的演示实验、分组实验以及各种探究实验等。这样不仅有利于培养学生的学习兴趣和学习的主动性，同时，更能够提高学生的各种能力，从而提高我们生物学的教学质量。

虽然，现在生物学教学在客观上存在许多不利因素。但我相信，只要我们多动脑筋、多想办法、多钻研，一定会调动学生学习生物学的积极性，我们的生物教学质量一定会让我们满意的。

生物学新课程课堂教学中情感教育与信息技术整合的模式研究

《义务教育生物学课程标准（2011年版）》根据社会发展、生物学学科特点和学生终身发展的需要，从知识、能力、情感态度与价值观三个维度提出了生物学课程的总体目标和具体目标。

情感目标作为重要的课程目标，在教学中需要花大力气才能做好。而要达到这个目标决不能简单依靠讲解或讲授的办法来实现。作为生物学教师，我们都知道，对学生进行情感教育应该强调教育的经常性、实效性、趣味性和实践性。而信息技术这种新型的教学手段，可以说它是现代教育技术的重要代表，它具有"信息高密度、传递高速度、交互高强度、反馈高效率"的特点。将情感教育与信息技术相整合，将有助于实施情感教育，提高教育的质量。

在实践基础上，我总结出一套情感教育与信息技术相整合的模式——"体验—展示—提升"模式。

这种模式就是通过教师提前布置任务，让学生在实践中去体验，去收集有关资料，然后在课堂中相互交流、互动，然后达成共识，提升情感教育的主题，达到情感教育的目的。

我们都知道，体验是情感领域教学目标实现的重要途径。在课堂上，首先让学生带着任务去调查、去收集有关资料。现代的学生需要的是研究性学习，现代的教师倡导的应该是学生主动参与、乐于探究、勤于动手，培养的应该是学生搜集信息和处理信息的能力、获取新知识的能力、分析和解决问题的能力以及交流与合作的能力。

兴趣是学生学习的原动力。教师如果能够有效地创设情境，激发学生进行研究性学习的兴趣，最容易使学生形成热爱生活、热爱科学的情感和志趣，培养学生的开拓精神和创新能力。这将能极好地培养学生终身学习的内部动机，为他们毕生投入科学技术事业奠定基础。

在课堂上，我鼓励学生以小组为单位，分工协作，互相帮助，互相信任，共同完成任务。这一过程有利于培养学生团结协作的能力，帮助学生养成遇到问题后通过努力分析及借助资料合作解决问题的能力。同时，在调查和收集资料的过程中，学生通过自己的所见、所感、所悟，能获得更多情感体验。在实践中，鼓励学生以多种方式来做好记录：可以用笔做好记录，也可以用照相机拍摄，还可以用摄像机进行录制，等等。这是这种模式的第一个环节——情感体验。

第二个环节，是在课堂中相互展示成果。这主要通过多媒体来展示。利用多种媒体手段，插入大量图片、音乐、影像等资料，可以把学生在调查中的各种收获，通过多媒体展示出来，既增加了知识的趣味性，又能够达到资源共享的目的，同时还有助于学生意识到团体的力量，增强同学之间团结协作的信心及决心。在课堂上，教师可结合自己在研究过程中收集的一些有关方面的资料，例如，自己抓拍的一些环保方面的照片，在调查中拍摄的一些音像资料等，利用这些感性的材料使学生产生的共鸣。

第三个环节，提升主题，完成情感教育的目的。通过在课堂中的展示、讨论与交流，引起学生强烈的震撼和共鸣。这时候，老师可以适时点拨，起到画龙点睛的作用，提升本节课的主题，完成情感教育的目的。

浅谈信息技术与中学生物学新课程教学整合

随着知识经济的到来，信息技术作为一种全新的教学工具和教学手段，来到了我们身边。可以说，信息技术与中学生物学新课程教学整合是生物学教学改革的一个新视点。

下面，我结合一年多的探索实践和研究来谈一下我的一些想法。

一、积极作用

信息技术与中学生物学新课程教学的整合，为生物学教学注入了新的生机和活力，为生物学教学展现了新的前景，这种"整合"主要有以下几个方面的积极作用。

（一）提供了丰富多彩的教学资源

学生要建构自己的知识体系和基本素养，需要大量的、多样化的资源来支持。把信息技术与中学生物学新课程教学整合，就可以突破书本知识是知识主要来源的限制，不断优化生成新的丰富多彩的教学资源，从而大大扩展了学生的知识面。如七年级（上）《爱护植被，绿化祖国》一节，情感教育是最需要体现和突出的内容。本节的课堂教学应该从"了解植被"到"爱护植被"分成三个部分进行串联：我国的主要植被类型有哪些，我国植被面临什么样的问题，以及如何去解决问题、保护植被、绿化祖国。通过利用信息技术与生物学课程教学的整合，组织学生欣赏大量的植被类型的图片，观看我国植被的变化情况的视频，来丰富课堂的"宽度"，通过提供给学生的这些丰富多彩的资源，本节课的情感教育的目的很容易就实现了。

（二）促进教学内容呈现方式的变革

生物学是一门实验科学。在生物学教学中，一直都强调教学的直观性，而传统的教学手段，如挂图、幻灯片等，很难达到良好的教学效果。如果在教学过程中恰当地使用视频、动画、课件等，就可以产生非常好的直观效果，从而激发学生求知的欲望。把信息技术与中学生物学新课程教学整合，优势在于：可以根据教学目的和要求，把抽象的概念和内容具体形象化，增强课堂的表现力和感染力，有效地激发学生的学习兴趣，使学生产生强烈的学习欲望，从而形成学习动机；同时，将一些微观的、抽象的内容以及一些静态的描述生动形象地展现在学生面前，不仅能为学生营造良好的学习氛围，使学生能够一目了然，有利于突破教学的重难点。如《尿的形成和排出》一节，我们不但用信息技术展示了泌尿系统的组成，还形象地展示尿的整个形成过程，从而实现了生物学教学由微观向宏观的转换，由抽象向直观的转换，由静态向动态的转换。再如"生物的进化""物种的发展"等方面的内容，在传统的教学中往往是很枯燥的一部分，如果采用多媒体课件集中展现物种的产生，并由低级到高级、由水生到陆生、由简单到复杂的过程，便可给学生形成非常直观的印象，使他们能深刻地理解物种的进化及演变过程。

（三）有利于培养学生研究性学习

研究性学习是为适应新形势的需要而倡导的一种新兴的学习方法，它有助于学生产生创造动机，提高社会实践能力，树立科学思想，培养创新精神。

在生物学教学中，我们可以根据教学内容的需要，通过信息技术手段，去创设情境引发、引导学生提出问题，呈现矛盾的现象及其不同解释，从而逐步训练学生自学知识，并发现问题和解决问题。

比如，《人类活动对生物圈的影响》一节，我先在课前给学生布置任务：收集一些有关的资料。课堂上，首先利用多媒体展示出教科书中有关保护环境和破坏环境的5幅图片引入课题，然后通过多媒体展示一些资料，并引导学生对这些资料进行分析，引起学生产生疑问：到底人类的活动对生态系统有正面的影响还是负面的影响？引导学生对此问题进行热烈的辩论，最后学生通过辩论和交流达成共识。这样，有利于学生对学习内容的理解和学习能力的提高。

（四）能促进师生间、生生间关系的转变

信息技术与中学生物学新课程教学整合，使课堂教学活动不仅是一种认知过程，更重要的是师生之间、生生之间交往互动的过程，冲破过去以"教材——教师"为中心单一的信息传播模式，构建一种新型的多媒体传播合作探究的创新学习模式。学生通过网络可以自主地查阅各种资料，网络系统庞大的知识世界以及不断的新发现为学生提供了无可限量的知识资源。这个资源的最大优点是任何人在它面前都是平等的，教师享有，学生同样可以享有，这样就自然促进了教师的角色发生深刻的变化，教师不能再单单以"传道、解惑"者自居，更是学习知识的开拓者、引导者、参与者。

二、存在的误区

信息技术与中学生物学新课程教学的整合虽然有着得天独厚的优势，但作为一种新的教学手段也避免不了出现一些新的问题。在信息技术与中学生物学新课程教学整合的研究过程中，我们发现也存在一些误区，需要大家注意。

（一）"整合"应根据学生的身心特点适当选择使用

制作的界面要尽量平和自然，切忌花、艳、乱。如果滥用动画，就会转移学生的注意力。我在研究时发现，有的教师为了让课件生动，穿插了很多动画，结果使学生的注意力转移了，反而影响了教学效果。

（二）"整合"应根据实验性质适当选择使用

我认为，可以用信息技术来代替的实验应该是一些在课堂上无法完成的实验，以及在现有的条件下无法完成的一些实验。但我在研究中发现，一些教师几乎用信息技术代替了应该做的实验。生物学毕竟是一门以实验为基础的学科，因此，可以用实验展示的现象就不要用信息技术来代替，能用直观的现象就不要用虚拟的东西来代替。

（三）"整合"应注重师生的情感交流

学生有着丰富的情感，这就需要教师在课堂中使用丰富多变的身体语言去感染他们，引导他们。有时候教师的一个表情，一个动作，就能抓住学生的注意力，就会使学生随着老师一起去体验情感，深刻地理解教学内容，从而提高教学效果。而多媒体所使用的只是冷冰冰的电子产品，虽然有关教学内容和信息都提前输入到了电脑中，但人的情感是无法输入的，这就需要在教学中，教师要特别注意与学生进行情感交流，及时地分析学生的情感反馈信息，掌握学生的情感活动情况，以弥补多媒体的不足。

（四）"整合"不能造成对生物学科本质的淡化

因为制作课件需要的时间比较长，耗费精力比较大。有时，教师为了上好一节课，甚至用了几周的时间来制作课件。这样，制作课件分散了教师的精力，势必影响了教师对学科内容的研究，从而造成学科本质的淡化。所以，我们必须确定信息技术是为学科的内容服务的，教师对学科的钻研绝不能放松。

总之，通过研究，我认为，在信息技术与中学生物学新课程教学的整合中，如果能充分发挥信息技术的优势，真的会让我们的生物学教学插上腾飞的翅膀。我相信，只要我们勤于学习，敢于探索，勇于实践，善于总结，一定会使生物学教学充满生机和活力。

浅谈微课在生物学教学中的应用

在360百科中，对微课是这样定义的："微课"是指按照新课程标准及教学实践要求，以视频为主要载体，记录教师在课堂内外教育教学过程中围绕某个知识点（重点、难点、疑点）或教学环节而开展的精彩教与学活动的全过程。

"微课"的核心组成内容是课堂教学视频（课例片段），当然还包含与该教学主题相关的教学设计、课件素材、教学反思、测试、学生反馈、教师点评等辅助性教学资源。

在强调高效课堂的今天，微课在生物课堂中的应用起到了事半功倍的作用。如何用尽可能短的时间获取最大教育教学效益是我们一线教师追求的目标。简单的一句话就是：减轻教师的教学负担，减轻学生的学业负担，提高教师教学效益，提高学生学习效益，从而达到提高教育教学质量的目的。

生物学学科作为一门基础的自然科学，与人类的关系非常密切。在新课程改革不断深入的今天，生物学教师应该用新的课程理念——面向全体学生，提高生物学学科素养，倡导探究性学习，来指导日常生物学教学。

微课以其教学时间较短、教学内容较少、资源容量较小、资源组成（结构、构成）情景化等优势，更能突出主题，内容更具体，趣味性更强。可以说，微课的这些特点在生物学课堂的教学中得到了有效的应用。

一、微课能够提高生物学课前预习或学生课前展示的效率

传统教学不注重学生的课前预习，大部分学生不懂得提前去预习，即使老师安排了预习也是没有方向、没有目标；对不能完成的预习任务又无从请教，又不能及时交流，所以最终只能占用课堂时间进行预习反馈。

利用微课预习，可以引导学生课前预习，可以让学生自己掌控学习节奏，不懂的内容可以反复观看，当然也可以暂停下来查找资料或仔细思考。学生在预习过程中，遇到的困难可以在学习群里及时向老师请教、与同学交流。教师也可以通过网络统计学生预习任务的完成情况，及时了解学生预习中存在的问题，使课堂教学更具针对性。

现在，很多学校在新课改的教学模式中，课前都设置了"课前展示"这一环节。不可否认，课前展示为学生提供了展示其才华、丰富其知识、开阔其视野的平台，同时也为学生营造了参与竞争的氛围，为学生搭建了张扬个性的舞台，为学生架起了连接课内与课外的桥梁。在课前展示中，一些学生利用微课来进行展示，既激发了学生的兴趣，又能帮助学生理解重难点，提高课前展示的效率。这样的课前展示，既活跃了课堂气氛，又使学生增长了知识，展示了才华，锻炼了能力……可以说，这样的课前展示，真正为学生展示自我提供了一个大舞台。比如，人教版（七下）第一章第一节《人类的起源和发展》，学生利用网上下载的微课——《人类的起源》，在课前展示给大家。这个微课用幽默的语言、形象的动画诠释了人类起源的过程。这不仅激发了学生学习本节课的兴趣，同时也让学生对人类的进化与起源这一漫长的过程有了更深刻的理解，对于提高本节课的效率起到了非常好的促进作用。

二、微课提高了学生自主学习的效率

有效教学要想唤醒沉睡的潜能、激活封存的记忆、开启幽闭的心智、放

飞囚禁的欲望，前提就是归还学生的自主学习权。作为教师，我们要努力引导学生自主学习，以促使学生主动地进行知识建构。这一环节是实现高效课堂的关键，主要以学生的自主学习和小组探究为核心。

有这样一句名言："未来的文盲不再是不识字的人，而是没有学会学习的人。"如何引导学生学会学习呢？可以适当地采用一些微课帮助学生突破难点。比如人教版八年级（上）《人类对细菌和真菌的利用》一课，课程标准与本节课相链接的主要有两点：一是举例并尝试探索发酵技术在食品制作中的作用；二是说明食品腐败的原因及食品保存的一般方法。

本节课的知识结构并不复杂，如果从"科学技术"的角度来看，可以说，它为提高学生的"实践能力""体验知识与技术在实际生活中的应用"提供了非常好的素材和机会。在本节课的设计中，我鼓励一部分学生利用课后时间自己看一下有关的微课——"发酵现象""面粉的发酵""米酒的制作""酸奶的制作"，然后鼓励有兴趣的学生可以采用小组合作的方式，尝试提前做几个相关实验。在课堂上，这部分学生积极主动地上前做汇报。这样，既有利于发展学生的生物学特长，又有助于提高学生的动手能力和实践能力，同时，学生通过对实验现象的分析提高了探究思维能力。

通过在自主学习中利用微课来帮助学生突破了难点，培养了学生的问题意识，使学生将学习到的知识迁移到真实的生活情境中去，帮助学生解决了生活中的实际问题，有助于培养学生的动手实践能力。更进一步说，也培养了学生适应未来社会生活的能力，提高了学生的生存能力。

通过这节课的实践，让我深深地感悟到：用微课来帮助学生学会自主学习，课堂的教学效果是非常明显的，非常有效的，不仅使学生基础知识和基本技能得以提高，更重要的是整个课堂中真正突出了学生的主体地位和教师的主导地位。通过学生亲身经历的求知过程，促进了学生的发展与提高，也帮助学生学会了师生的交往以及与同学间的沟通。同时也拓宽了教学的视野，完善了教育内涵。苏霍姆林斯基说过："成功的体验是一种巨大的情绪力量，它可以促进学生好好学习的愿望，也从真正意义上提高了课堂教学的有效性。"

三、微课提高了生物学实验教学的效率

生物学是一门以实验为基础的自然科学。许多生物现象只有通过实验才能得到解释，动植物的结构必须通过实验才能观察清楚，也只有通过实验才能更好地探究问题，才能引导学生进行分析，得出实验结论。可以说，实验教学在生物学教学中占有非常重要的地位，每一位生物学教师都会想方设法地提高实验课的效率，保证每一节实验课的上课效率。但是，很多时候，由于班级人数较多，老师的演示过程学生难以看清楚，在上实验课时，实验室简直就像自由市场，乱哄哄的，纪律非常不好。如果把实验课中老师的演示过程通过微课形式展示给大家，效果就不同了。通过微课的展示，不仅能激发学生的兴趣，提高学生的感性认识，同时也能让学生更直观、更清楚地看到实验细节，大大提高生物学实验课的效率。比如，《探究光对鼠妇生活的影响》的实验，我提前给大家展示了一个《水分对鼠妇生活的影响》的微课。通过微课的展示，不仅增加了实验的直观感和真实感，同时也让学生对探究实验有了更深刻的理解，而且还激发了学生探究实验的欲望。通过微课的展示，我发现学生对生物学实验课学习的积极性更加高涨了，课堂气氛也更加活跃了，甚至老师还没有教授的内容，学生们已经能准确地分析并得出结论。

微课在生物课堂中的应用大大地提高了生物学课堂的教学效率。我们知道，培养学生在课堂上高效率听课、高效率学习是一个系统工程，通过老师的培养、同学们之间的经验交流，努力让每一名学生都能找到一种适合自己的学习方法，是提高效率、减轻负担最有效的措施。通过微课在生物学课中的应用，我发现对绝大多数孩子来说，措施很有效。可以说，在生物学课的学习中，微课的应用不仅增强了学生的学习兴趣，节省了时间，而且大大地提高了生物学课堂教学的效率。相信，未来的生物学课堂教学中，微课的应用一定会在生物学的教学与学习中熠熠生辉。作为一名教师，我们必须为学生高效率学习、终身学习而做出不懈努力。

中小学科学课程缺乏实践性亟须重视

创新是一个民族的灵魂，但创新教育一直是我国基础教育的"软肋"。科学课是一门实践性很强的活动课，是培养学生热爱科学的有效载体。可以说，在科学课程中，组织学生开展实践性活动，不仅有利于调动学生的积极性，使学生变被动学习为主动学习，提高和发展学生兴趣，而且有利于开阔学生的视野，培养学生的能力，全面提高学生的科学素质。

在科学课程的落实中，很多实践性的活动在学校被取消了，究其原因主要如下：

第一，缺乏实践性课程的专业老师。实践性课程不仅需要教师的组织，更需要教师及时指导和适当参与。但是普遍缺乏能指导学生实践活动的教师，这是不争的事实。

第二，缺乏学生实践性活动基地和实践器材，导致很多实践活动流于形式，而这些都需要有资金的投入。

第三，实践性活动缺乏合理的评价性方案，导致一些实验课教学从"做实验"变为了"讲实验"。考试中的实验内容，往往是"纸上实验"。也就是说，只要求学生记住实验现象、实验操作步骤，根本不考查学生的实际实验操作能力。经常是实验做得好，不如实验讲得好、实验过程记得清楚。有

119

的学校，实验室设备一流，学生实验成绩优异，而学生却很少走进实验室，甚至根本就不做实验。

第四，很多学校担心实践性活动有一定的不安全性，为防止安全事故而限制或取消实践性活动。

针对以上问题，提出以下建议：

第一，应注重对科学课程的教师进行大规模专业发展培训，提高这些教师的专业发展机会，特别是指导这些教师进行实践性活动，帮助他们掌握相关知识、技能等，这是提高教师专业发展最有效的途径。

第二，科学课程的教师应更加注重自身的专业成长，要努力提高自身专业化程度。新一轮的课程改革给科学课程的教师带来了许多新的教育理念、教学内容、教学方式、教学方法，对这些教师提出了许多新的要求，对他们工作的创新也提供了很大的空间，也为他们专业成长注入了新的动力。

第三，中小学实践基地是组织学生开展实践创新活动的载体。所以，可以由政府出台一项支持实践工作的指导性文件，来整合社会各方面资源，为学生营造更好的教育环境。

第四，实验实践能帮助学生增加感性认识，是激发学生学习兴趣的重要手段，对学生各方面能力的培养具有重要作用。所以，开展实践性活动，必须要做好活动过程中的评价，发挥评价的促进作用。但是，实践性活动的目标、内容、活动方式不同于学科课程，所以实践性活动的评价有其特殊性。因此，各方面要努力探索实践性活动的评价方案，要将"做实验"纳入考查，以考促教。

第五，学生安全关系到每个家庭的安宁、幸福，关系到社会的安定、和谐。所以，学校组织任何活动，安全这根弦都不能放松，这是前提。对于学校和老师不能因担心安全事故而取消科学课程中的实践性活动，这是一种缺乏责任的表现。教师要努力帮助学生正确认识实践活动的意义，让学生了解实践活动中常见的安全问题，懂得预防措施，提高学生自我保护意识。同时，应建立多部门协调配合工作机制，健全学校安全事故的预防与处置机制，解决学校后顾之忧，维护老师和学校的尊严。

实践性活动是培养学生掌握科学方法的重要途径，能为学生提供丰富的、真实的感性认识，为理性认识及应用打下基础。所以，中小学科学课程的实践性亟须重视。

第三章

所思所想，深入浅出

听党话，跟党走，做一名有责任担当的好老师

——学习贯彻党的十九届六中全会精神体会

　　党的十九届六中全会审议通过的《中共中央关于党的百年奋斗重大成就和历史经验的决议》，全面总结了党的百年奋斗重大成就和历史经验。通过认真学习党的十九届六中全会精神，我对党的领导、党的事业充满敬意，面对未来更是充满信心。

　　回顾中国共产党的百年历史，我亲眼见证了祖国的快速发展，也切实感受到了党的百年变化给我们教育上带来的日新月异的变化。通过"全会"对党的百年历史的总结，结合自己的本职工作，让我更加深刻地认识到：加强党的领导是做好教育工作的根本保证，实现中华民族伟大复兴，归根结底靠人才、靠教育。

　　几十年前，我降生在东港的一座小山村。10岁之前，我从来没出过村子。那时的我天真地以为天边就在家前方的那座山尖上。初中，到了乡里的一所中学，才知道，原来山外还有山。初中的生活很苦，晚上经常停电，对于住宿的我们来说，蜡烛便成为陪伴我们晚自习的一道独特的风景线。上了高中，终于走出了山村，第一次见到了高楼、商场。那时的学习生活很单调，能看到一本课外书就很幸福了。高中阶段，记忆最深的是参加庆祝第一

个教师节活动，伴着乐鼓声、欢呼声，那些优秀的教师们戴着大红花、满脸幸福地从我们面前走过……这情景至今还闪现在眼前。

也许，是这件事的感染；也许，是身边那些优秀教师们的影响；也许，是当教师妈妈的鼓励……不知不觉，教师成为我心目中最神圣的职业，当一名教师成了我追逐的梦想。

如今，我已经成为一名人民教师。回顾我的成长历程，我不仅见证了改革开放的历程，也享受到了改革开放的成果。通过"全会"对党的百年历史的总结，让我更加深刻地认识到作为人民教师肩负历史责任的崇高使命。只有坚持党对教育事业的全面领导，坚持社会主义办学方向，坚定中国特色社会主义教育道路，才能实现教育强国、民族复兴。

在中国共产党的领导下，我见证了自己生活水平在逐渐提高。随着国家对教育的重视程度不断提高，教师的社会地位、工资待遇等都在不断提高，随着国家减负政策的进一步落实，相信教师们的幸福指数也会不断提高。

在中国共产党的领导下，我见证了教育的飞跃发展：舞蹈室、实验室、电教室、塑胶跑道、足球场、篮球场……这些硬件设施逐渐完善；九年义务教育的普及、义务教育的健康发展，使适龄儿童、青少年都得到了受教育的权利和机会；国家对素质教育的重视，使学生们的整体素质在逐年提高；关注学生的全面发展、尊重学生的个性差异、尊重学生的个性培养，已经成为学校教育教学的重点。

在中国共产党的领导下，我见证了一批批优秀教师的成长。近些年来，国家加大了对教师的培训力度，一批批优秀教师崭露头角。他们有精深的教育教学理论，在教育实践中，他们和所有教师一样，都承担着艰苦、繁重的工作任务，所不同的是他们能够做到苦中有乐。他们真是"累着，但快乐着"，体验着一种神圣的幸福感。以我为例，自工作以来，我多次参加各种级别的培训，使自己不断地成长起来。

作为一名教师和人大代表，我深刻地认识到在这样一个时代背景下，自己身上所肩负的责任和使命。未来，我会怀着一颗感恩的心，不忘初心，继续努力。同时，在教育教学中，我会自觉落实立德树人的根本任务，将学习贯彻全会精神与教育教学紧密结合起来，引领身边的同事一起努力培养民族复兴大任的时代新人，努力教育我们的学生要听党话、跟党走，将个人奋斗融入民族复兴的时代重任，为实现第二个百年奋斗目标贡献力量！

课改实践话课改

不知不觉，课改已度过了10个春秋。正如有句话说的那样，"10年——一路风雨一路歌"。回顾课改伴随着我们走过的10年中，我们有过困惑、有过抱怨；在课堂教学模式的尝试中，我们经历过艰辛、遇到过挫折……一路走来，更多的是我们品尝到了成功和愉悦！

下面，我仅以个人的视角来谈一下在课改十年中的一点心得体会。

一、学习成为一种生活

我国著名教育家陶行知有这样一句教育名言："要想学生好学，必须先生好学。唯有学而不厌的先生才能教出学而不厌的学生。"作为教师，要想走进新课改，提高课堂教学效率，首先必须更新教育观念，做一名踏踏实实的学习者。

在课改的初期，学校利用教研日多次组织全体教师学习洋思中学、杜郎口中学等一些先进学校的课改经验，并以教研组为单位对他们的课堂教学模式展开讨论。在时间、资金都很紧张的情况下，学校还组织各学科的骨干教师亲临凤城六中学习他们的课改经验……虽然，那时的我们，只是被动地接受着；虽然，那时我们的学习，只是为了完成学校给我们布置的一份作业，但是在潜移默化中，我们还是感受到了课改的紧迫性。

随着新课改的不断推进，在课堂实践中，我们学会了发现问题：如何培养学生的自主学习能力？如何培养学生的创新能力？学生参与课堂学习的热情为什么会逐渐降低呢？如何让教室里的每一名学生都能"动"起来？怎样让课堂中的讨论不是流于形式？……

这些问题的发现，促使我们深入学习起来——向书本学习、向实践学习、向同伴学习、向名师学习……此时的我们，不再是被动的学习者，而是主动解决问题的探索者！

书读得越多，向名师学习得越多，我们就越发现自己身上的不足……渐渐地，在学习中，我们丰富了自己、完善了自己、提升了自己！渐渐地，我们的教育观念更新了，我们的教学方式变革了，我们的教学行为改善了，我们的专业水平提高了。在课堂中，我们能尝试着用丰富的专业知识和先进的教学方法来完善新的教学模式，我们的课堂越来越受到孩子们的欢迎！

学习，成为我们一线教师的一种日常生活，成为校园里一道亮丽的风景线。

二、研究成为一种常态

苏霍姆林斯基曾说过这样一句话："如果你想让教师的劳动能够给教师带来一些乐趣，使每天上课不至于变成一种单调乏味的义务，那你就应当引导每一位教师走上从事研究的这条幸福的道路上来。"

刚开始接触"研究"，大家都不知道该如何着手。校领导便请来专家指导我们：应从教学实践中细心观察，从中发现问题、思考问题、研究问题。

渐渐地，我们学会了发现问题，学会了研究问题。课堂中的一个小小的教育现象、一个小小的教学细节都可以成为我们研究的内容。我们研究的时间也不仅仅固定在集体备课时间，随时随地，甚至课间十分钟也不放过。

在研究中，我们教研组的每个成员都是平等的、民主的；在研究中，我们有学习、有争论、有分享……

课堂中发现的很多问题，在我们的学习、研究中得以解决，达成了共识，现分享如下：

为了培养学生的自主学习能力，在课堂中，我们努力为学生创设一个民主、平等、和谐的环境；让学生在情趣盎然的学习氛围中，受到陶冶、感染和激励，从而主动学习。

为了提高学生的思维能力和创新能力，我们鼓励学生大胆提出问题、提出质疑，鼓励学生刨根问底。我们不怕学生提出怪问题，就怕学生不提问题。巴甫洛夫说过："怀疑，是发现的设想，是探究的动力，是创新的前提。"所以，在课改的实践中，我们不要以往那样安安静静的课堂，我们要以自己的努力，让课堂成为学生创新的天地！

为了使学生参与课堂学习的热情不会逐渐降低，我们研究并纳入了评价机制——除了有以往教师的评价之外，还增添了师生互评、生生互评、学生自评等多向的交流、互动。这不仅使我们的课堂更加生动活泼，也有助于帮助学生正确地认识自己、尊重他人。同时，也提高了学生的鉴别、分析和表达能力，使课堂气氛更加和谐，使师生、生生间的感情更加融洽。不知不觉中，也增强了学生的学习信心，培养了学生的学习兴趣。

为了让班级每一名学生在课堂中都能"动"起来，我们让每个小组在共同商讨的基础上，根据其综合素质（主要学习情况），把每组成员排成1—7号，这样更有利于教师在课堂中进行分层次教学。在问题的设置上，在学生的评价上，我们力争让每个层次的学生在课堂中都能得到老师的关注，让每个层次的学生在课堂中得分的机会都是均等的。这一改变，最大限度地激发了学生的学习兴趣，保证了课堂中的每一名学生都能积极地参与到课堂的学习中来，使每一名学生在课堂中都能"动"起来。

……

这一切问题的解决，都是我们共同研究的智慧结晶。因为研究，我们的课堂变得活跃起来了；因为研究，我们的课堂成为学生喜欢的课堂！

记得去年秋季开学，我被学校调到另一个年级任教，结果，教过的好几个学生竟然哭哭啼啼地来找我，请我继续担任他们的生物老师……还记得在一个班会上，一个曾得到我鼓励的学困生大声地说出他的理想："我，将来想成为一名生物老师！"

这一切都让我们感动着、快乐着！

渐渐地，"研究"不再离我们很远，而成为我们教师日常生活中的一种常态。

三、反思成为一种习惯

有这样一句话："当十年教师不一定成为名师，但写十年反思却能成为名师。"这是对教师反思作用的充分诠释。

在新课改的实践中，我们常常被要求写各种各样的反思：课堂反思、教育反思、案例反思、教育日记、教育个案，等等。

如果说，刚开始要求写反思是一种学校行为，但随着新课改的不断推进，反思逐渐成为我们教师日常生活的一种习惯。

通过反思，我们学会了思考，学会了更新理念。我们很多老师就是在这种反思中成长起来的，我算是其中之一。因为经常反思，我对教育教学有了更多的想法，偶然的机会，我把这些想法写在了丹东教育博客上，这竟然使我的博客精彩起来。如今，我的教育博客已经成为丹东十大优秀博客之一，我本人也在学习、反思中成长为今天的省、市学科带头人，丹东市首席教师……

这一切都感激新课改！

十年的课改，促使我们每名教师在实践中学习着、探索着、收获着；十年的课改，发现我们的学生敢想了、敢问了、敢说了……

十年的课改，说很长，其实也很短。十年的课改，取得了令我们骄傲的成绩，但也有遗憾，还存在很多问题，需要我们进一步去完善，比如，如何激发学生重视非中考学科的学习？如何让我们的教育淡化知识的传授，而更加注重生命的自然成长？如何让我们的教育者沉下心来专心做好教育工作？如何建立激励机制，进一步调动教师工作的积极性？等等。

这一切问题的解决，都需要大家的共同努力。好在此时，我们还走在课改的路上。

我想，在未来的日子里，伴随着新课改的进一步深入，我们还会遇到很多问题，还会面对很多困难。但我相信，只要我们用心去思考，用心去探索，努力去学习，我们的课改之路必定越走越顺，越走越宽，我们的教育必定会成就每一个孩子。

《关注合理营养与食品安全》的教学反思

近年来，不注意合理营养与食品安全所带来的危害越来越引起人们的关注。一方面，由于经济水平的不断提高，人们的生活质量得到改善，但吃好喝好却引起各种营养不良；另一方面，农药等的使用让人们谈"食"色变。

这让人们不由得思考：如何才算合理营养，怎样才能做到食品安全？因此，本节课的教学对于指导学生如何健康生活有着十分重要的意义。

本节课的教学目标是让学生运用日常积累的经验和所学的知识，举例说出什么是合理营养；通过听取教师介绍有关食品安全的文章，进行分析、总结，学会关注食品安全，尝试解读食品包装，提高学生的分析能力；让学生尝试运用有关合理营养的知识，为家长设计一份营养合理的午餐食谱，利用周末在家中亲自烹调后请家长品尝，并请家长做出评价，以此培养学生的动手操作能力和关心家长的美好情感。同时，针对本校学生在饮食中存在的问题，启发学生思考：我能为全校的学生做些什么？以达到关爱同学的思想教育。

在本节课中，做得比较好的地方有：

第一，为学生进行开放性学习提供了充足的时间和空间，教学内容延伸到了课外，例如，有课前收集食品包装袋或包装盒、向家长询问购买无包装食品的技能技巧，有课后为家长设计一份营养合理的午餐食谱，利用周末在家中亲自烹调后请家长品尝，并请家长做出评价，以及对全校学生提出倡议，等等，培养了学生收集信息、分析信息、动手操作的能力以及关心家长、关心同学的美好情感。

第二，学生的学习方式多样化。在本节课的教学中，教师注意对学生的多种学习方式进行了有机组合，充分调动了学生学习生物学知识的兴趣，让学生在积极参与和主动学习的活动中学习知识、发展能力、培养情感。

第三，教学内容尽力贴近学生的生活实际，着力解决学生在生活中遇到的实际问题，让学生学会更加健康地生活。

第四，注重与学生进行情感交流。在整个课堂教学的过程中，教师以亲切、自然、友好的教学语言和丰富的身体语言引导学生积极思考、乐于讨论、主动发言，大大缩短了师生之间的距离，使课堂教学气氛融洽，学生乐于接受教师的教学。

第五，通过收集资料，丰富了课堂教学内容，扩大了学生的视野和知识面。

不足的地方：

第一，本节的教学内容按规定是分开两个课时进行教学的，但由于教学进度的限制，故教师将本节的教学内容合为一个课时完成，因此使本节课的教学时间安排显得有些仓促，使学生的讨论、分析等活动未能深入开展。

第二，课前对学生饮食未做充分调查，所以课堂上有些同学不敢大胆发言。

第三，由于时间的限制，没有对学生本节课的表现进行评价。

浅谈探究性实验教学

——《测定某种食物中的能量》一节的体会

生物学新课程标准将探究活动作为科学探究一级主题中的重要二级主题，在探究活动中倡导探究性学习。探究性实验教学是探究性学习的一个重要组成部分，是生物学课程教学改革的重点、难点和热点之一。在生物学课程中，探究实验活动是学生积极主动地获取生物学科学知识、领悟科学研究方法的一种主要形式，它符合学生身心发展和认知规律，对于培养学生的观察能力、实践能力和思维能力都是极为有益的，它能不断提高学生独立获得科学知识的实践能力，对促进学生学科素养的形成具有重要的意义。

下面，结合《测定某种食物中的能量》一节，谈谈我的做法及体会。

《测定某种食物中的能量》使用的教材是人教版教材生物学七年级下册课本。教学内容是第四单元第二章第一节"食物中的营养物质"中第一部分的内容。本节分两课时进行，第一课时是完成食物中有关营养物质的教学。考虑到学生已经接触过了探究实验，对探究实验的一般过程有所了解，但仍有一部分学生实验的自主性、独立性较差，所以，我把本节课的重点仍放在科学探究的一般过程和对实验数据的处理上。

我是这样定本节课的目标的：加深学生对科学探究一般过程的认识，进一步提高学生提出问题、做出假设、制订计划、处理数据和分析实验结果的能力，同时学会运用科学探究的方法测定食物中的能量。

课前准备：①将学生分成4~5人的小组，选出组长，并分工负责操作、记录、处理数据和发言。②学生准备好测定某种食物中的能量的各种材料、用具。

本节课的教学主要是按以下环节来进行的。

第一，提出问题、做出假设、制订计划。首先引导学生看教材第23页的插图，相互交流，各小组在此基础上提出问题，并确定问题。在我的引导下，学生明确，探究食物中的能量时，可以从不同的角度提出问题；提出的问题不同，做出的假设也不同，实验的方法步骤也有区别。教师应该尊重学生的想法，鼓励学生在实验操作中不断完善自己的想法，这样，不仅可以帮助教师了解不同学生的学习特点，并且有助于促进学生个性的发展。

第二，实验过程。各组用自制的装置和教师提供的材料、器具按照课前的分工进行操作。在具体操作时，很多问题需要解决：天平的使用问题、量筒的测量问题、材料的选择问题、取水的多少问题……有些问题教师可以直接指导，如天平的使用问题、量筒的测量问题，因为学生还没有学过物理，没有这方面的知识，教师可以直接指导。但有些问题我没有直接告诉学生，目的是想留给学生更多的思维和探究空间。比如材料的选择上，有的学生选择了玉米粒，有的选择了肥肉。在实际操作中，学生发现，玉米粒极不易燃烧，很难用此方法测量出它的能量值；脂肪则是边燃烧边往下滴油，所以数据也是不准确的。再如，选用50ml的锥形瓶还是100ml的锥形瓶，用多少水，等等。学生在实际操作中，有了真实的体验，同时，也激发了学生的兴趣，使学生不断进行反思来改进实验的过程，使学生的学习能力和探究能力大大提高。

第三，得出结论。安排各小组代表发言，小组间进行交流，对误差产生的原因进行反思，经过激烈的讨论与交流，学生们能产生强烈的震撼与共鸣。

第四，评价。合作小组在分组时遵循的是组间同质、组内异质的原则。实验结束后，老师应对各组进行评价，各组成员相互也要进行自评和互评。

探究实验使我收获很多，下面我简单谈一下自己的体会。

一是探究性实验能够培养学生的学习兴趣。兴趣是人类认识客观世界的一种心理表现，是一个人获得知识、开阔视野、努力学习的一种强有力的内部驱动力。探究实验通过有目的性的操作活动，使学生亲自动手进行实验操作，满足了他们的操作愿望，有效地激发了学生的兴趣。同时，通过对成员在探究中表现的评价，也调动了学生的积极性。

二是探究性实验能够培养学生的实践能力。探究性实验教学是在教师指导下的学生自主实践活动。通过教师在课堂中引导学生去观察、去思考、去发现、去实践，使学生获得亲身的体验，使学生能体会到科学发现的真谛、科学发现的乐趣。因此，我认为在进行探究性实验教学中，教师一定要多为学生提供实践的机会，多让学生思考，充分调动学生的积极性、主动性和创造性。不要怕学生失败，即使失败了，还可以进一步引导学生思考和分析失败的原因，从而达到训练思维和培养实践能力的目的。

三是探究性实验能够培养学生的思维能力。探究实验从发现问题、提出问题开始，学生可以根据自己的生活经验和知识，尝试着对某一种现象或问题做出某种假设，然后设计自己的探究方案，包括选择材料、设计方法步骤等，从而有利于培养学生的思维能力。同时，就实验结果的分析来说，探究结果的正确与否，以及学生对整个探究活动过程的反思，等等，都需要学生进一步思考，都能够提高学生的思维能力。

四是探究性实验能够培养学生初步的研究能力和创新能力。在整个探究过程中，通过让学生自己设计实验方案和实验方法，自己选择实验材料、仪器，自己操作并尝试改进实验器材，自己对结果进行分析并对实验过程进行反思，等等，能够培养学生初步的研究能力和创新能力。

有句话说得好："我听见了，就忘记了；我看见了，就记住了；我做了，就理解了。"所以，教师通过精心组织，认真准备，引导学生进行探究性实验，通过让学生参与和体验科学探究的一般过程，不仅能使学生掌握探究的一般方法，还能在探究活动中增强观察能力、动手设计实验能力、实际操作能力、思维分析能力，并且培养学生实事求是、乐于探究的科学精神，这对学生各类素质的提高必将产生深远的影响。

浅谈新课堂精神文化建设

关于"课堂文化"，是通过智慧型教师的教育智慧，创建、激发的富有生命的、有效的课堂，从而形成一种对生命的理解、关怀与尊重；是开放、自由、和谐、智慧的；是提升教师和学生生命质量的课堂文化。

所谓的"新课堂文化"是与传统"课堂文化"相对应的，新课堂文化否定了那些传统课堂文化中的那些"过时的""陈旧的"因素。所以，新课堂文化更关注于学生的发展，更能体现出新课程课堂教学重过程、重体验、重探究的基本理念。

假期，我有幸拜读了徐巧英老师主编的《新课堂文化建设》一书，感触颇深。在这本书中，对于新课堂文化建设的目标给出了非常明确的回答：要献给学生一个对话的课堂，一个开放的课堂，一个探究的课堂，一个生成的课堂，一个感悟的课堂，一个快乐的课堂。

下面，结合我在教育教学实践中的体验，谈谈我对新课堂精神文化建设的一些思考。

"新课堂精神文化建设"的含义，在《新课堂文化建设》一书中是这样解释的：新课堂精神文化建设是教师和学生在课堂这一特定的教学情境中，在教与学互动中进行接触、交流、对话而构建的价值体系及行为方式，主要包括教师和学生的思想观念、价值判断、思维方式和行为方式等。

我觉得，新课堂精神文化建设可以用一句话来概括——新课堂精神文化建设就是要解决我们到底该培养什么人的问题。所以，新课堂精神文化是课堂文化建设的核心和灵魂，每位教师都应该把新课堂精神文化建设放在首要位置。

目前，重视新课堂精神文化建设的理念已经逐渐被大家接受并逐步落实。作为教育者，我们都认识到：我们培养的学生不仅要具有较高的知识水平，更要具有良好的思想道德；教师在课堂上既要重视传授知识，更要注重对学生思想品德的教育。这才是我们教育的根本任务。可以说，学科育人已经成为学校教育的主旋律。实施育人工作的已经不仅是班主任和思想品德课教师，"每位教师都是德育工作者"，育人工作的主阵地已经融入每一个学科的每一节课堂中，课堂教学已经肩负起"课堂精神文化建设"这一重要任务。

新课程改革至今，我们的新课堂精神文化建设已经取得了显著的成效。比如，德育为先、能力为重、全面发展的教育理念已经得到大家的普遍认同；新课堂教学模式的改革在不断深化，自主、合作、探究的学习方式与启发、讨论、参与的教学方式在不断地推广；教育的育人功能的针对性、实效性也在进一步增强。但在实际教育教学实践中，我们也应看到存在的问题。比如，重智轻德、单纯追求分数和升学率的现象依然存在；有些一线教师的育人意识和能力还有待加强，等等。

大家都知道，新课堂精神文化建设的关键在教师。因为只有通过教师在课堂中的创造性的教学活动，才能将学科教学内容具体化为学生的道德认知、道德情感和道德实践。同时我们还要深刻地意识到，教师的言行对学生起着潜移默化的重要作用。有时，教师简单的一句话、一个行为都可能会给学生留下终生难忘的印象，甚至影响学生的一生。可以说，新课堂精神文化建设对我们一线教师提出了更高的要求。

作为一线教师，我们要肩负起自己应该承担的责任，要严于律己、以身作则，用我们在课堂上所表现的优良品质来潜移默化地感染学生、教育学生。我们要永远铭记：育人是教师的天职，课堂是育人的阵地。在新课堂精神文化建设中，我们要努力做好课堂教学中的每一个环节，在课堂中要及时了解学生的学习动态与思想动态，把教育的育人功能融入每一节的课堂教学中。

同时，我们还要清醒地认识到：教师的育德水平和能力，会直接影响着教育的育人效果。所以，我们要永远保留一颗爱学习、善研究的心。在新课堂精神文化建设中，我们要敢于在新理念的指导下，大胆地进行实践，在实践中不断地学习、研究、反思。我们要善于发现问题，并尝试着去解决问题。假如遇到我们个人难以解决的问题，可以尝试反馈问题，或者作为课题来研究，以期待解决。

有人说，教育是一种唤醒，它要唤醒学生的积极性、上进心；教育是一种关爱，它要关爱每一个学生的每一个方面；教育是一种期待，它期待每一个学生都能有所发展；教育是一种保护，它保护每一个学生的问题意识、自主精神和合作品质……所以，在新课堂精神文化建设的过程中，我们一定要尝试着蹲下来与学生对话，让学生在一种平等互信、相互尊重的氛围中快乐成长，让学生在和谐的氛围中不断地学会做人、学会学习、学会生存、学会创造、学会关心、学会合作……

相信，在我们坚持不懈的努力下，在新课堂精神文化建设的实践中，作为教师的我们会在不断地学习、反思、总结中提升自己，不断地让我们的教育充满智慧，让每个生命都能在课堂中绽放精彩。

浅谈社会公德教育

在我校举行的德育品牌创建活动中，我们班申报德育特色活动主题是"弘扬社会公德，争做文明学生"。

社会公德是指在人类长期社会实践中逐渐形成的、要求每个社会公民在履行社会义务或涉及社会公众利益的活动中应当遵循的道德准则。在本质上是指一个国家、一个民族或者一个群体，在历史长河中、在社会实践活动中积淀下来的道德准则、文化观念和思想传统。它对维系社会公共生活和调整人与人之间的关系具有重要作用。

社会公德是道德规范体系中的最低层次，是公民的个人修养，也是社会文明进步的标志。随着社会的进步、科技的发展，社会的分工越来越精细，人与人、人与社会、人与自然间的互动日益频繁，公共生活的领域越来越广阔。因此，文明的行为方式、良好的公德意识对于维护公共利益和公共秩序，建立良好的人际关系，形成良好的人与环境的关系，促进社会的健康稳定发展，具有前所未有的重要意义。

当今社会，提升个人道德水准，已经成为和谐社会文明进步的重要使命！

当今社会，"德"往往决定着一个人的价值。

一颗道钉足以倾覆一列火车，一粒烟头足以毁掉一片森林。对于集体而言，品德拙劣的人就像一个潜在的隐患，用人单位时刻都要为此承担一定的风险：他们越有才干，其将来可能导致的危害就会越大。一些重大事故酿成的悲剧，教训十分惨痛，而其中折射的品德因素更是令人心痛。对于自身而言，品德优秀才会赢得他人信任，而品德拙劣却会让自己慢慢失去一切：朋友、客户，甚至工作，以致最后世界上所有通往成功的大门都对他永远关闭。

社会公德教育是道德教育中的基础环节，是维护人类秩序、调节人际关系最基本的需要，也是人们社会生活最基本的需要。社会公德教育目标是促使学生进行社会公共道德的内化，即知、情、意、信、行依次的转化，使学生把习得的公共道德知识潜移默化地融入社会公德行为之中。

青少年是祖国的未来、跨世纪的建设者。青少年的健康成长是关系到祖国前途和民族命运的大事，尤其是在新旧体制转变过程中，如果不认真地抓好青少年公德教育，将要贻误一代人甚至几代人，所以对青少年进行公德教育，全社会都有义不容辞的责任。

社会公德作为中学生的行为规范，主要有以下几个方面的作用：第一，社会公德对中学生在公共环境中的行为有约束作用。如果某人违反了社会公德所确定的行为规范就会受到社会舆论的谴责，也会受到国家的干预，使之受到惩罚，从而促使人们遵守社会公德规范，约束自己的行为。第二，社会公德对中学生的行为有规范作用。社会公德作为确定了中学生在社会公德领域哪些行为是道德的、可行的，哪些行为是不道德的、不可行的，从而对中学生的行为起到规范作用。第三，社会公德对中学生的行为有向导作用。社会公德确定了中学生的行为轨迹路线，为中学生的行为指明了方向，要求中学生按着规范的要求去行为，对符合规范的行为学校和社会予以表彰、奖励，否则，予以谴责，直至采取措施处理，从而保证规范的实施。

从当前中学生的行为可以看出，有些学生缺乏公共道德：课桌上的"伤痕"斑斑点点，墙壁上有乌黑的鞋印、球印，公共书刊残缺不全，在公共场所大声喧哗……因此，我们在德育工作中应加强对中学生进行社会公德素质的培养已经迫在眉睫。

为了更好地完成这一活动主题，我们班采用的活动方案如下：

第一，建立"弘扬社会公德，争做文明学生"班级公约。组织学生讨论，归纳出对于我们现在的中学生来说，社会公德的内涵：①人与人之间关系层面：举止文明、谦虚热情、尊重他人、助人为乐。②人与社会之间关系层面：爱护公物、勤俭节约、维护公共秩序、遵纪守法。③人与自然之间关系层面：热爱自然、保护环境。进而，确立班级公约，并张贴在班级文化墙上。

第二，我们不会这样做。发动学生结合自身的经历，畅谈：在我们的身边，有哪些不遵守社会公德的事例，并谈一下自己的感想。

第三，好故事伴我成长。发动每名学生收集遵守社会公德方面的小故事，每组选取故事中的精华在班会中进行交流，鼓励学生不断上进，争做文明中学生。

第四，一天做一件好事并不难。社会公德应落实在行动中。在实践中，增强社会公德意识，践行社会公德规范。要求学生每天至少通过一件事来展示自身的良好公德形象，报告组长，组长加以记录。每周五放学前交到班主任处。

第五，让我们用行动带动文明。发动学生，收集能展示出自己或家人的良好社会公德形象的照片，并附文字对照片的情景加以介绍，在班级展出。选出作品在班级进行介绍。

通过一系列活动，引导学生传承中华民族传统美德，帮助学生养成自觉遵守社会公德的习惯。希望通过努力，能使学生把社会公德要求转化为自身的需要，即学生对公德教育的要求入耳、入脑、入心，从而变成自己的行动。同时，也希望学生能用自身的文明行为带动周围更多的人。

与书相约，与书相伴

有幸被评为"丹东地区十大女性藏书家"，回忆自己"与书相约，与书相伴"的成长历程，真的感恩于我阅读过的大量书籍。

在20世纪70年代，小人书几乎是所有孩子的最爱。那时候，对我来说，谁只要拥有了一本新发行的小人书，谁便成了我追逐的对象……

真正喜欢读书还是在小学毕业以后。那时，虽然有学习的压力，但总能抽出时间读些课外书。对那时候的我来说，能读到课外书，便是一种享受。当然，很多时候还是要避开家长，偷偷摸摸地读。否则，家长看到就会指责我耽误学习。

大量阅读是在我高中毕业考上大学以后开始的，那时已经没有学习上的压力了，家长也不再监督。于是，我便开始疯狂地借书、读书、品书。那时，读书几乎成了我的一种生活习惯。在阅读中，我开始对人生、对社会、对理想等，产生了比较深层的思考。可以说，在阅读中，我逐渐走向成熟。

记得大学的一个假期，偶然翻到妈妈收藏的一本书——《年轻的教育改革家——魏书生》（我的母亲也是一位教师），当时就非常喜欢这本书，也开始对自己未来所从事的教育工作产生了思考：原来当老师不一定要中规中矩，还可以当得这样有趣！渐渐地，我也喜欢上了有关教育方面的书籍。

参加工作以后，借书、读书、买书、藏书几乎成了我日常生活的一种常态。有人说，书籍是知识的宝库，是智慧的海洋。对我来说，读书不仅丰富了我的业余生活，也成就了我的事业。

我们知道，教育不仅是一种谋生的手段、一种生存的方式，更是一项点燃生命、引领智慧的伟大事业。而要做好这项事业，不仅需要我们教师拥有满腔的热情、爱岗敬业的精神，更需要我们教师成为一名知识渊博、理念先进、富有智慧的人。读书，无疑是最能提升教师专业素养的有效方式之一。

可以说，因为读书，我开始对教育教学产生了思考，对如何有效地管理班级产生了思考；因为读书，我的文章多次见报，我的论文多次在国家级、省级等刊物上发表；因为读书，我的学生能在课堂中快乐地学习，我也能在课堂中轻松施教……

如今，我已经成长为一名市优秀班主任、丹东市首席教师、辽宁省骨干教师、辽宁省学科带头人、省优秀教师……这一切荣誉的取得，都离不开书的陪伴。"与书相约，与书相伴"成了我一生中不悔的选择。

师者，生之范也。如今，我把我所带的班级命名为"书香班"，每天中午都安排固定的"读书交流时间"，就是希望我的学生们也能养成一种爱读书的好习惯，用阅读点燃他们的智慧之火，让他们在阅读中成长，在阅读中形成良好的品质……

爱自己就要培养自己

假期有幸读了《教学反思途径与方法》一书，使我对教育教学的反思有了深层次的思考，有了更深层次的认识。

作为教师，要爱自己、爱学生，就要花点力气努力去培养自己。没有谁天生就是一名优秀的教师，更没有谁天生就是一名优秀的班主任。一名优秀的教师，他肯定是一名学习者、研究者。

美国一个著名学者曾提出这样一个公式：经验＋反思＝成长。很多老师已经在教育战线上工作多年了，绝不会缺乏教育教学的实践经验。如果说，我们还欠缺点什么才能成为最优秀的班主任，我想关键之一就是要学会反思。

有一位心理学家说过这样一句话："如果你每天花费一个小时，完全思考某一问题，五年后你就会成为那个领域的专家。"而我国教育家孔子早在两千多年前就提出了"学而不思则罔，思而不学则殆"的学与思的辩证关系。我想，这句话不是只说给学生们听的，同样，对我们教师也非常适用。

我们都知道，教师每天的工作都是平凡而琐碎的，同时又是充满问题的，如果没有一颗爱探究的心，你就不会在意那些在忙碌的工作中不断出现的小问题，或是发现了问题也不会好好思考该怎样处理会更好。

叶澜教授曾说过这样一句话："一个教师写一辈子教案不一定会成为名师，但如果写三年反思就有可能成为名师。"所以说，作为教师要会借助反思，促进自己的专业成长。但反思不同于"思考""回顾"或是"总结"，不同于课堂听讲，不同于读书学理论，反思是另外一种学习方法。

《教学反思途径与方法》一书，介绍了几种反思途径：撰写教育日志、撰写教育案例、撰写教育叙事（教育随笔）、教后记、进行网络学习。可以说，这些都是非常好的反思方法。

其实，只要我们每天去想，总有很多东西值得我们反思的。当然，记录反思的方式可以是多种的：我是采用写教育博文的形式来记录的。我想，只要大家用心去记下每天在教育教学过程中成功与不足的地方，不断地学会总结自己的得与失：今天做一件事成功了，是怎么做的？出现了一个矛盾，又是怎么解决的？产生了一次挫折，是什么原因造成的？记下来，多分析，多思考。不断改进自己的教育教学行为，相信一定会有所收获的。

很后悔我没有更早些开始写这样的教育反思，否则，我可能积累了更多的经验，可能对教育教学有了更深层次的理解。

我希望，各位教师朋友能从现在开始，在教师的工作岗位上，不断地坚持学习、坚持反思，用"培养自己"这种方式来好好地爱自己，让自己在专业成长中享受到做教师的幸福和快乐！

当然，"培养自己"肯定是需要多忙碌一些，多付出一些。但我想，只要我们付出了，肯定会有回报。这回报也许是让我们更自信，更有成就感，也许是让我们的学生更喜欢我们，更爱我们。

关爱学生，从心开始

最近，有幸阅读了《关爱教师　从心开始》一书，收获颇多。这本书里，不仅给大家介绍了很多心理学的相关理论，还给大家提供了很多可行的拓展性活动。本书从教师的生活、工作等方面入手，为教师的心理保健提出了许多实用、有效可行的建议。可以说，这是一本非常好的教师心理保健方面的工具书。

这本书中还强调了教师心理健康的重要性。书中有这样一段话：如果说学生是教育的产品，那么教师作为教育生产线上的生产者，其本身的素质和技术直接影响教育的质量……即教师本人的身心健康直接影响对学生的教育效果。书中还通过实例进一步说明，如果教师心理健康出了问题，一方面可能影响自身的生活与工作，甚至出现生命危险；另一方面，学生也可能由此受到伤害。

所以，教师的心理问题不仅仅影响自身健康，同时也直接影响着祖国的下一代。那么，作为教师，我们如何用我们的努力调整好学生的心态，让学生能健康快乐地成长呢？在这里，我想强调的是——关爱学生，应该从心开始。

我们知道，人际关系对每个人来说都是至关重要的，可以说这是衡量一个人心理健康水平的主要标准之一。那么作为教师，师生关系就显得非常重要了，它不仅关系教师自身的心理健康，同时也是关乎众多学生的身心健康。

那么，作为教师，如何来处理好师生关系，怎样才能够让学生感受到我们由心而发的爱呢？

结合本书中"教师的人际关系调节"这一章节，我从以下两个方面略做浅谈。

一、要努力成为一名有个人魅力的教师

在这里，我说的教师的个人魅力，有两层含义：一个是指教师内在的人格魅力。我们常说"学高为师，身正为范"。作为教育者，我们应该不断完善自己的个性，提高自身的人格魅力，用优秀的人格魅力来吸引学生；用人格魅力来实现我们的"无痕教育"，也就是说，让我们的学生在不知不觉中向我们学习，以我们为范；在不知不觉中学会处世，学会做人。我想，这是优化师生情感关系的重要保证。大家不妨回想一下：在我们的身边，那些受到学生特别爱戴与尊敬的老师，他们的内在的人格魅力是不是更吸引着学生呢？

教师个人魅力的另一层含义指的是教学过程中体现出来的魅力。也就是说在课堂上，我们可以通过展示我们的教学魅力来优化师生之间的关系。以我为例，作为班主任，我熟悉我的每一名学生，我可以有很多的时间与他们在课下沟通、交往。但是作为一名生物老师，我任教的班级比较多，学生也比较多，这样与这些班级的学生在课下沟通的机会非常少。要优化我与这些学生的关系，唯一的途径就是通过课堂教学，通过课堂教学让学生喜欢我的课，进而喜欢我这个人。我想，这是优化师生情感关系的重要方法。

要想做一个有个人魅力的好教师，不仅要求我们教师要有终身学习的理念，不断地更新自己的知识结构。同时，我们的教学内容要能联系学生的实际生活；我们的教学活动要增加学生的情感体验。只有这样，我们的课才可能受到学生的欢迎。

以我所从事的生物教学为例，在生物课堂上，有的老师能够利用学生手中的橘子，引导学生来探究植物体的结构层次；有的老师能够通过让学生品尝自己亲手制作的酸奶、米酒等，让学生体验到知识的学以致用；有的老师能利用教室里偶然飞进来的小鸟对学生进行爱鸟、护鸟的教育，等等。大家说，这样的课学生怎么会不喜欢呢？这样的老师学生又怎么会不喜欢呢？

所以，教师的个人魅力是十分重要的。大量的事实也证明，要想成为一名学生信之、亲之、敬之的好老师，前提就是他必须是一名有个人魅力的好教师！

二、要努力营造温馨的班级氛围

正如这本书中所写的：学校是一个小型社会，而班级便是其中最基本的单位。班级的氛围受教师的影响很大。教师的教学态度、人格特质、生活经验、对学生的期望，或是与学生互动的关系等，都是影响班级气氛的因素，它会影响学生的各种行为，包括其未来的生活态度、道德观念等。教师还能够通过营造良好的班级氛围促进学生学业成就、社会化和身心的发展。所以，作为教师，特别是班主任，我们既然接手了一个班级，就是这个班级的直接领导者，我们应该努力地用心去营造一种温馨的班级氛围。温馨的班级氛围，不仅能提升学生的学习效果，同时也能陶冶学生的性情。

当然，在班级管理中，我们应该注意的方面有很多，而且，很多方面需要我们细致地去关注。比如：①作为班主任老师，我们会经常组织学生参加班级、学校的各种活动。在活动中我们应该时刻提醒自己：成绩要永远放在第二位。放在第一位置的应该是提高学生的能力，调动学生的参与热情，促进学生互帮互助，展现学生勇于拼搏的精神，等等，这才是最重要的。②我们要经常听取不同学生的各种意见，要经常努力寻找时机与学生单独沟通。让每一名学生都能时刻感受到老师的关注、老师的爱。我曾经做过这样一个小实验：同样一句鼓励的话，面对全体同学去说和单独找同学一个个去说，效果截然不同。所以，我觉得在时间允许的情况下，还是要单独和每名学生进行面对面地沟通。③要一直对每一名学生抱有信心，对每一名学生都要充满期待。一旦学生犯错，要给学生解释、改过的机会。④班级要努力营造一种家的氛围，板报、墙报要实用，切忌不要为了应付检查而走形式，要真正起到作用。班级要时常备用一些物品：小药箱、备品盒（针线、胶带、安全剪刀等）、小考纸等，这都有助于营造一种家的氛围。⑤班规在全班学生达成共识的基础上一旦确定，就要坚决遵守，而且要检查到位，总结到位，奖惩到位。⑥班主任要信守承诺，答应学生的事就要做到，而且要公正公平，避免因个人的好恶而有失公平。⑦要赏罚分明、大公无私。同时还能够体谅学生，能设身处地地为学生着想，让学生能感受到老师的爱。⑧班干部选拔公正公平，要用心培养一批有正气、负责任的班干部。

融洽的师生关系，自然能创建良好的班级风气，提高育人效果。如果在日常生活中，我们教师能够注意处理好师生关系，学生自然会喜欢这样的老师。

学生在这样一种温馨的氛围中生活、学习，自然就会感到安全、放松、愉悦。这不仅有助于培养学生的学习兴趣，还有利于减少班级管理问题的出现，更有利于学生的身心发展，有利于学生对自我形象形成积极而正确的认识，有利于帮助学生度过身心发展中各个特殊时期，形成良好的个性和人格。

《关爱教师　从心开始》这本书给我的启迪很多。期待我们每一名教师，在关注我们自己身心健康的同时，也能从心开始，关爱我们的学生。

兴趣的秘密何在

——读《给教师的建议》有感

孔子曾说过："知之者不如好之者，好之者不如乐之者。"这充分说明，"乐学"在学习中起着重要的作用。新课程标准也明确指出，在课堂教学中应该注重培养学生的学习兴趣，让学生主动地参与到学习中来，在积极探究知识的过程中去充分体验学习的乐趣。

那么，如何调动学生学习的积极性呢？学生学习兴趣的源泉到底在哪儿？拜读了苏霍姆林斯基的《给教师的建议》之21条，我顿觉醍醐灌顶，眼前豁然开朗。

苏霍姆林斯基在21条开始便告诉大家：所谓"课上得有趣"，就是学生带着一种高涨的、激动的情绪来学习和思考，对面前展示的真理感到惊奇甚至震惊；学生在学习中意识和感觉到自己的智慧力量，体验到创造的欢乐、为人的智慧和意志的伟大而感到骄傲。

无可置疑，这样的课堂正是我们教师所追求的课堂，这样的课堂也正是新课改所需要的课堂。

那么，如何让我们的课能上得有趣呢？

苏霍姆林斯基告诉我们的答案是：认识本身就是一个激发兴趣的最令人

赞叹、惊奇的奇异过程。自然界的万物的相互联系、运动和变化，人的思想以及人所创造的一切……这些都是兴趣取之不竭的源泉。

这个答案也许会让很多人产生疑问：知识本身怎么能是学生学习兴趣的源泉呢？那些深奥的、抽象的知识是多么令人感到无趣啊！对此，苏霍姆林斯基进一步解释说：在一些情况下，这个源泉像潺潺的小溪，就在我们的眼前，你只要走近去看，在你面前就会展示一幅令人惊异的大自然的秘密的图画；而在另一些情况下，兴趣的源泉则藏在深处，你得去攀登、挖掘，才能发现它；而很常见的情况是，这个"攀登""挖掘"自然万物的实质及其因果联系的过程本身，就是兴趣的重要源泉。

原来，单靠知识本身，是无法"打动"学生的。对这些知识的"认识"过程，是需要教师去攀登、去挖掘的。这就要求我们教师在教学实践中要不断地去学习、去研究——研究教材、研究学生、研究教法、研究学法。只有这样，我们教师才能恰当而巧妙地做好"铺垫"与"建构"，才会让我们的学生在不知不觉中，发现"知识"的乐趣。

在我们的课堂中，如何激发学生努力去寻找兴趣的源泉呢？

苏霍姆林斯基告诉我们，如果你所追求的只是那些表面的、显而易见的刺激，以引起学生对学习和上课的兴趣，那你就永远不能培养起学生对脑力劳动的真正热爱。接着，他又教给我们寻找兴趣的方法：你应当努力使学生自己去发现兴趣的源泉，让他们在这个过程中体验到自己的劳动和成就感，这件事本身就是兴趣最重要的源泉之一。离开了脑力劳动，就既谈不上学生的兴趣，也谈不上他们的注意力。

现在，我们的课堂改革已经进行了很多年，各个学校也都在尝试进行教学模式的改革。但为什么效果却不尽如人意呢？我想这原因归根到底是，教师的观念没有真正更新，思想没有真正转变。就如苏霍姆林斯基所说的那样——"追求的只是那些表面的、显而易见的刺激"，这怎么能引起学生的兴趣呢？怎么能培养起学生对脑力劳动的真正热爱呢？

还有的教师，为了节省教学时间，为了完成教学任务，为了在短时间内突出暂时的教学效果，便节省了学生发现问题、提出问题、探究问题的过程，有意识地将问题的答案直接告知学生。其实，这无形中就剥夺了学生做一个"发现者、研究者、探索者"的乐趣。长此以往，离开了脑力劳动，学生还有什么兴趣可言？

记得，我曾经上过课题为《人类对细菌和真菌的利用》一节的公开课。在这节课中，我没有采用以往的教学模式——教师讲解、演示，学生观看多媒体录像，鼓励学生课后自己参与制作的方式来进行，而是从提高学生的"实践能力""体验知识与技术在实际生活中的应用""激发学生学习生物的兴趣"的角度对教材进行了重新整合，通过鼓励一部分有兴趣的学生动手制作、主动探究、课堂汇报等形式来激发全体学生的学习兴趣。

在这节课的课前，我鼓励一部分有兴趣的学生提前分组做几个探究实验——"发酵现象""面粉的发酵""米酒的制作""酸奶的制作"，他们分工合作、共同探究、亲自动手制作。在课堂上，鼓励这部分学生现场汇报实验情况、展示实验结果，并对结果进行分析，鼓励其他学生提出质疑，这部分学生进行现场答疑……这样，不仅让参与实验的学生亲身感受到来自知识的力量，也激发了全体学生学习生物的兴趣。

学生都存在一定的表现欲，在整节课中，学生们都处于一种紧张感、愉悦感和成就感的氛围中，课堂紧张、热烈而有序。

这节课，我精心营造了一种平等、民主、和谐的氛围，力争把讲台让给学生，使学生成为课堂的主人，使自己成为学生学习活动的组织者、指导者、调控者、参与者。

虽然这样的课堂容易出现一些让老师意想不到的问题，难以得到听课教师给予的"完成了教学任务"的评价。但不可否认，这样的课堂上，学生是活跃的，学生们的收获也是丰厚的。我想，如果我们能让每一个学生都参与进来，让每一个学生的思维都活跃起来，这样的课就有收获，就有效率；这样的课堂，就是苏霍姆林斯基所说的"能使学生产生兴趣的源泉"。

多次阅读了苏霍姆林斯基《给教师的建议》这本书，但每一次的阅读都会有不同的发现，都会有不同的收获，也都会有不同程度的提高。相信，不断地学习，不断地读书，能帮助我更好地理解教学新理念，更好地完善我的课堂教学，也能让我的学生中有更多的人会成为我"自己的学生"。

做一名新时代的好教师

假期，我有幸阅读了《师德践行课堂案例读本——教师心语》一书，受益匪浅。书中通过剖析一个个生动的教育教学案例全方位地诠释师德，这一个个小的案例，让我深刻地意识到："用心"的巧干要远比用力的"苦干"效果更好，教育更需要智慧和艺术。这一个个小故事，让我悟出了大道理，让我对自己近30年的教育教学实践产生了新的思考，也让我对自己的职业生涯有了更高的要求：我，要努力做一名新时代的好教师。

不知不觉中，我已经在一线从事生物教育教学工作20多年了。结合这些年我所付出的，我对从事的生物教育教学工作重新做了反思：工作的这些年，通过我们的努力，能让孩子们终身受益的都有什么呢？

对于我们教师而言，如何能让我们的课堂成为有灵魂教育的主阵地？如何能让我们的教学培养出有灵魂的人？如何能让我们的教育充满灵魂？

新时代，需要好老师。

正如这本书中写的那样——"教育不仅仅要成才，更重要的是要成人。教师不仅仅是要教书，更重要的是育人。"

一个人遇到好老师是人生的幸运，一个学校拥有好老师是学校的光荣，一个民族源源不断涌现出一批又一批好老师则是民族的希望。作为教师，我们要深感肩上的重任，要努力做一名新时代的好教师。

一、新时代的好老师，要有坚定的理想信念

理想信念，是好老师的人格基石。一个有理想信念的好老师，心中会装着国家和民族。教师，是人类文明的传递者，是学生人生道路的引路人。作为教师，我们既是筑梦人，也是追梦人、圆梦人。我们要忠诚于党和人民的教育事业，为实现中国梦培养更多更好的人才。我们要以理想信念为基石，树立崇高的职业信念，把教书育人当作自己的伟大使命。

二、新时代的好老师，要有良好的道德情操

良好的道德情操是成为好老师的前提。合格的老师首先应该是道德上的合格者，好老师首先应该是以德施教、以德立身的楷模。作为教师，我们要在自我修养的不断提升中实现道德追求，自觉坚守精神家园；我们要始终牢记"选择做教师，就选择了奉献"；我们要把追求理想、塑造心灵、传承文明当作人生事业奋斗的志向，去除浮躁之气、远离功利之风，执着于教书育人，兢兢业业做好工作。

三、新时代的好老师，要有一颗仁爱之心

有一颗仁爱之心是成为好老师的关键。教育是一门"仁而爱人"的事业。爱是教育的灵魂，没有爱就没有教育。好老师应该是仁师，没有爱心的人不可能成为好老师。作为老师，我们要心中有爱，要用爱培育爱、激发爱、传播爱，通过真情、真心、真诚拉近与学生的距离，滋润学生的心田，成为学生的好朋友和贴心人。

四、新时代的好老师，要有责任感和使命感

一个好老师，要有强烈的责任感和使命感。爱是责任和付出。选择当老师，就选择了责任。学生，就如同一粒埋在土壤中等待阳光、雨露和肥料的种子，作为教师，我们的责任和使命就是让这颗种子发芽长叶、开花结果，

如何用自己的光与热去引导学生健康成长，努力让所有学生都能成为社会所需要的有用之才。

《师德践行课堂案例读本——教师心语》这本书，让我从一个个短小精悍的教学案例中，看到了很多好老师的教育智慧和人格魅力，看到了很多好老师的精彩和成功，看到了民族的未来和希望。在感动的同时，也让我对我们未来的教育充满信心和期待。

最后，想用这本书中的两句话来结束我的感悟："因为用心，所以我们懂得：世上可能没有理想的教育，但我们并不能因此放弃教育的理想。""社会不断发展，世人不断进步，教师要以身立教，促进人与社会的发展，必须不断超越自我、完善自我、实现自我、提升自我。"

做一名幸福的班主任

阅读了李进成编著《优秀班主任是怎样炼成的》，我受益匪浅。这本书立足于教师成长的事实和规律、立足于班主任的具体工作和实际做法，主要从以下五个方面帮助教师获得具体的做法和借鉴：作为班主任如何做好心理减压、如何进行教师的职业规划、班主任的沟通艺术、如何向名班主任学习、如何克服职业倦怠。

这本书给我启迪最深的是第一方面的内容——班主任如何做好心理减压。我们都知道，教师这个职业已被全世界公认为是一种高强度、高压力的职业之一，职业倦怠在教师这个职业中已经普遍存在。大家常说："班主任是学校里最忙碌的人。"的确，班主任工作劳心费神、烦琐艰辛，学生的吃喝拉撒睡、学生的一言一行，都需要我们去关注。领导的关注、家长的重视以及平行班之间的竞争常常会把我们"压"得喘不过气来。很多时候，我们都是带着身心疲惫、郁闷烦躁、情绪低落的状态走进班级……长此以往，大家想想，我们还怎么能体会到幸福？一个没有幸福感的班主任又如何能培养出幸福的学生？

在本书的前言中作者写道：人生不如意者十之八九，有些问题和困难，我们不找它，它也会来找我们。当我们遇到挫折的时候，难免会产生不良情绪，如何化解不良情绪，把挫折变为成长的台阶，这是一名优秀班主任成长的重要课题。

如何才能感受到班主任职业给我们带来的幸福呢？

书中提出：许多班主任之所以感受不到职业的幸福，就在于不明确职责，不会正确对待班主任的特殊责任，从而无法正确对待班主任岗位。所以，我们应该认清班主任工作的职责：

第一，班主任是德育的主力军。我们都知道，在学生的基础性素质中，最重要的素质就是思想道德素质，而班主任在学生德育素质的培养中起到了关键性作用。作为班主任，我们要通过班会、丰富多彩的课外德育活动、校外社会实践活动、综合素质评价活动等，引导学生明辨是非，引导学生树立正确的世界观、人生观和价值观。这是班主任岗位最基本、最核心的要求。

第二，班主任是班级的引领者。我们常说，有什么样的班主任就会有什么样的班级。所以，作为班主任，我们要关注自身形象，从细节中起到潜移默化的作用。乌申斯基曾说过：教师个人的范例，对于学生的心灵是任何东西都不能代替的最有用的阳光。同时，作为班主任，我们还要不断学习、反思、总结，建立科学合理的班级日常管理规范，以培养学生良好的习惯；我们要加强学生的自主教育管理，增强学生民主意识，努力培养学生独立处理问题的能力；我们要通过开展各种主题教育活动，丰富学生的生活，形成健康向上、积极进取的班风和有特色的班级文化，使学生能在幸福、温馨、快乐的环境中成长。

第三，班主任是班级活动的组织者。作为班主任，我们要努力充分开发各种教育资源，组织学生积极参加有益于身心发展和道德养成的各种社会实践活动，以增强学生的道德体验。我们要善于在学校组织的各种文艺、体育、科技、艺术等活动中，培养学生的兴趣和爱好，增强学生的幸福感。

第四，班主任是学生成长的见证者。班主任是学生成长中的"重要见证者"，我们与学生朝夕相处，不仅要关心学生的学习、生活，还要关心他们的内心世界，做学生的良师益友，成为学生成长过程的"见证者"。当学生长大后幸福地回忆学生生活的时候，不仅会感恩学校，更会感恩老师。

第五，班主任是各种关系的协调者。学生的成长是家庭、学校、社会、自我教育协同合作的结果，班主任要善于协调和调动各方面的力量，形成教育的合力，发挥好纽带和桥梁作用。

在这本书中，在强调班主任要明确自己责任的基础上，又进一步说明：作为班主任，要想树立自信，获得幸福感，在认清自己责任的基础上，还需要不断地完善自己的能力结构。比如，细致的班级管理能力、机智灵敏的应变能力、灵活变通的协调能力、洞察心灵的说服能力、生动艺术的表达能力。这就要求我们班主任需要不断地学习、不断地反思自己的教育教学行为，以提高自己的能力。高尔基曾说："只有满怀信心的人，才能在任何地方都怀有自信，沉浸在生活中，并实现自己的意志。"

当然，作为班主任，仅做到以上两方面是远远达不到幸福的。作为班主任，我们还需要建立良好的人际关系，需要合理宣泄自己的不良情绪，能够合理安排自己的时间……

我们知道：幸福是人类生活的永恒追求，是推动人类发展的原动力。而在我们的校园生活中，也有许多负面因素使我们的幸福感减分，如校园暴力、学业压力等，无一不影响着教师及学生的幸福生活。为了学生们的幸福感、为了我们教师的幸福感，重建校园生活的幸福感是时代赋予我们的责任。

《优秀班主任是怎样炼成的》这本书让我对我的教学行为产生了反思，让我对教育的幸福感产生了思考，让我对教师的责任有了新的认识。这本书让我感悟到：最好的学校应该是让教师和学生充满幸福的地方；最好的教育应该是让教师和学生都充满幸福感。幸福的教育会使我们的教育活动充满愉悦、充满生机，幸福的教育会使教师清香，自己也芬芳着学生，幸福的教育会使孩子们快乐地抓住每一个教育的瞬间……

读《有效教学的原理、策略与评价》
一书有感

寒假期间，我有幸学习了由教育科学出版社出版，孙杰远老师著的《有效教学的原理、策略与评价》，感觉受益匪浅。

我们都知道，有效教学是我们追求的目标，有效教学也是我们教师专业发展的标准。那么，什么是有效教学？书中开始便给出了这样的解释：有效教学的"有效"，主要是指通过教师在一种先进教学理念指导下经过一段时间的教学之后，使学生获得具体的进步或发展。有效教学的"教学"，是指教师引起、维持和促进学生学习的所有行为和策略。它主要包括三个方面：一是引发学生的学习意向、兴趣；二是明确教学目标；三是采用学生易于理解和接受的教学方式。

在日常教学中，我们一直强调以学生为主体。所以，要做到有效教学，首先自然应该关注学生，要引发学生的意向和兴趣。兴趣，是点燃学生智慧的火花，是学生探索知识的动力。著名的教育改革家魏书生说："兴趣像柴，既可点燃，也可捣毁。"如果教学方法得当，学生对课堂学习的内容自然会产生兴趣，这时他们的思想就会活跃起来，记忆和思维的效果就会大大提高，反之，则会把学习看成是一种精神负担，学习效果必然会降低。

美国著名心理学家布鲁纳曾说："学习的刺激力量乃是对所学教材的兴趣。"歌德曾说："哪里没有兴趣，哪里就没有记忆。"所以，兴趣的形成和家庭教育、教师的教学、周围环境的影响、学习者有意识的自我培养都有关系。现在很多家长都希望自己的孩子能从小就对学习有着浓厚的兴趣，因为大家都知道，孩子们只有对学习感兴趣，才能把精力都集中在学习上，他们注意力集中，则会观察敏锐、记忆持久而准确、思维敏锐而丰富。这样，自然就会激发和强化学习的内在动力，从而调动学习的积极性。作为教师，我们只有通过激发学生的学习动机，使教学在学生"想学""愿学""乐学"的心理基础上开展，才能实现有效教学。

实现有效教学，还要明确教学目标。在教学实践中，我们很多教师在备课时，往往过于关注教学过程的设计，却很少关注教学目标，好像目标与上课内容无关。其实，任何教学活动都要以教学目标为导向，在上课之前，你必须要明确：本节课要达到哪些目标？哪些目标是学生必须完成的？可以说，没有教学目标的教学是失败的！可以说，一节课的成败很大程度上取决于教学目标是否准确、具体、全面，要求是否适度。我认为，课堂上任何精彩的表现都不能以牺牲教学目标为代价，正确的目标定位是引领学生走向成功的关键，是教学活动的核心，是引领，是灵魂。有了教学目标，我们才会根据目标决定我们所要采用的方法和手段。现在，人教版的教材在每节课旁边都有这样一个栏目——"通过本节学习，你将知道……"。我想，这就是在强调本节的学习目标。很多学校在教学模式中都有一个环节——展示教学目标，其实也就是让师生明确本节课的教学目标。

要实现有效教学，还有重要的一点，就是课堂上要采用学生易于理解和接受的教学方式。教学话语要简洁明了，能让学生听清楚、听明白、听全面；教学手段要先进适合，能让学生易理解、易接受、易记忆；教学方法更要灵活多样，要适合不同学生发展的需要，让学生学得深、学得透、学得快。比如，以我所从事的生物教学而言，师生要遵循生物教学活动的客观规律，以最优的速度、效益和效率促进学生在生物学习的知识与技能、过程与方法、情感与态度"三维目标"上获得整合、协调，获得可持续的进步和发展，有效地实现预期的教学目标。所以，在每节课的教学中，都要根据不同的内容实现不同的教学目标，这才是有效教学。

所以说，有效教学是一种现代教学理念，以学生发展为中心，强调以素质教育理论为指导，关注教学的有效性，注重教与学的统一，提倡教学方式的多样化和教学方法的灵活性。

有效学习应该是帮助学生花更少的时间收获更多的知识，让学生"学一知十"，也就是我们常说的"教是为了不教"。有效学习还应该是让学习变得更有趣，它不应该让学生觉得枯燥乏味，而应该是"寓教于乐"。有效教学能为学生创设宽松和谐的学习环境。老师要努力使自己与学生、学生和学生之间形成良好的、和谐的、民主的关系。

作为教育者，我们要努力成为引导学生学会寻求知识、吸收知识、运用知识的"向导"和"组织者"，成为能深刻理解学生观点、想法和情感特征的"知音"。只有这样，学生才能以极大的热情、饱满的情绪投入到教学过程中，学生能畅所欲言，课堂气氛自然就会异常活跃。

有效教学要为学生创设思考的空间和时间。作为工作在一线的老师，我们要敢于尝试改革、要敢于尝试创新、要敢于改造教材。在教学中，要尝试新的教法，解放课堂、解放学生，让学生在课堂上能自主、自发地参与并投入学习；要淡化教师在课堂上的主导地位，当然，这不是不重视教师的主导地位，而是要努力把更多的主导权给学生，把课堂交还给学生；要充分发挥学生的主观能动性，采取一切方法与手段发展学生的思维，激发学生的兴趣。只有这样，在课堂上才会时常出现学生的创新火花，才会出现灵光一现的思维碰撞。

有效教学提倡的是那种自然而然生成的课，是那种常态下的课。这样的课不完全是预设的结果，在课堂上有师生之间真实的情感、智慧、思维的投入，又有相互的讨论、思维的碰撞。

《有效教学的原理、策略与评价》这本书让我对教学产生了思考，对有效教学产生了思考。在以后的教育教学中，我会从有效教学的角度来评价一堂课的优劣，要看看通过这堂课的教学学生究竟学到了哪些知识，受到了哪些启发，能对学生产生怎样的影响，学生是否得到了发展……

学习是学习者主动构建自己的知识经验并形成自己见解的过程。教师要在教学过程中结合有效的课堂练习培养学生反思的习惯和能力。所以，有效教学就是能够最大限度地促进学生学习进步与发展的教学。面对有效学习这个话题，我想各位教师也一定会有各自的妙法，但有一点肯定是一致的，即每个教师面对自己的学生，一定要树立坚定的信念："天下没有教不会的学生"，关键是看我们教师怎样教，我们是不是有足够的信心和耐心，有没有管用的教学良策和方法。

如果我们能用我们的努力，让抽象的生物学知识具体起来、生动起来，让学生自信起来，那这样的课堂教学一定是有效的，而且是高效的。期待在我们的共同努力下，在"有效教学"的理念指导下，使我们的教学真正实现有效教学，使我们的课题真正成为高效课堂。

读《学生第一》有感

特级教师任小艾曾说，对每一个老师来讲，你的学生可能在你的班级里是百分之一，但在每一个家庭来讲，这个孩子就是百分之百！就是父母头顶上的一片天！

是啊，作为教师，我们应该把学生放在什么位置呢？通过阅读《学生第一》这本书，我感觉书中的"学生第一"的思想就是在教育教学工作中的具体体现。

翻开《学生第一》的首页，便看到李希贵校长的一句非常温馨的话：谨以此书献给我亲爱的同事们。这位名校长把老师很自然地称之为"同事"，能时时刻刻牵挂着他的这些"同事"，我感受到了名校长的平易近人与胸襟和气魄！

在整个书的扉页中，除了这句话之外，剩下的便是11所学校全体老师的名字！一个学校的校长能在自己的著作中，把教师的名字全部写在扉页上，作为他领导下的那些教师，该是多么幸福的一件事啊！看到这些，我更多的是一种感动：这是对教师的尊重，是对所有教师的尊重，我真的感受到了老师在李希贵校长心中的重要地位！

如果说，这本书的主要思想是"学生第一"，而我则从这本书的扉页中，看到了在一个校长的内心是把教师放在第一的位置上。

在这本书的自序中，我进一步验证了自己的想法。李希贵校长在自序中指出："学生第二"，这是管理学的概念；而"学生第一"则是教育学的取向。我顿然醒悟：在李希贵校长的眼里，在他的学校管理中，教师永远是第一位的。作为校长，把老师放在第一的位置上，那作为教育教学的引领者的老师，也自然会在教育教学中把学生放在第一的位置上。

人们常说："老师是辛勤的园丁，而学生是祖国的花朵。"作为教师，我们的确就像那辛勤的园丁，每天默默地浇灌着祖国的花朵，希望在我们的努力下，有一天他们能绽放光彩。

的确，既然我们是园丁，就应该时刻都以学生为第一，只有这样，我们才会培养出一群充满自信、充满阳光、勇于担当的孩子。

从这本书中，我仿佛置身在北京市十一学校中，在这里，教师是快乐和幸福的，而学生也同样是自信而又独立的，因为他们得到了应有的尊重。李希贵校长认为，尊重学生就意味着接纳学生，接纳学生的个性、思想和独特的创见，还要接纳学生的内心感受。而学生只有意识到自身的价值与尊严得到了肯定，才能够积极主动地向前发展。

李校长和他的老师们为学生搭建起一个又一个宽广的舞台，舞台的主角，永远都是学生！"人人都是管理者""人人都是教育者"，这在李校长领导的北京市十一学校是真正做到了。在这里，能让每一名教师和每一名学生都有主人意识、责任意识。

感动于李校长对于每一名学生的尊重，他说：只有认真倾听，才能产生好的想法；也只有认真倾听，才能让学生产生更多更好的想法。让学生参与到学校真实问题的解决中来，是他们培养学生能力的一个很重要的方法。他们用他们的努力诠释着教育学的基本价值取向。他们创造了一个真正属于孩子们的学校，他们给学生搭建舞台，提供空间，创造条件，他们幸福地看着孩子们不断地超越自己……

他们创造性地提出了各种有利于学生参与的校内平台，"校园机会榜"，给学生提供的不仅仅是参与学校日常管理工作的机会，还是一种全新的成长体验，是一个展示和锻炼的舞台；"学生出版社"，既培养了学生的语文素养，又开发了学生的经营能力和组织能力；"学生广告公司"，让学生自主创办、自主经营、自负盈亏，给学生一种初步的职业体验，培养了学生的综合素质；"学生大使团"，不仅让学生了解了自己的学校、爱自己的学校，更让学生体验到了主人意识……

李校长用他朴实的文笔，向我们述说着他们学校那一种种活动……当然，活动的主角都是学生。在他们的学校，学生永远都是第一！

正是由于他们的努力，正是由于他们敢于打破常规，敢于尝试，使得北京市十一学校的教育魅力四射。他们拥有了一群了不起的孩子：他们自信、阳光、勇于担当，有着宽厚的臂膀；他们睿智机敏，纵横捭阖，有着智慧的韬略；他们热情友好，乐于助人，有着仁爱的情怀。

合上这本书，我不禁在想：作为教育者的我们应该怎样做，才能让我们的学生也能这样充满激情、充满自信地去迎接每一天呢？作为管理者，他们该怎样做，才能让我们的老师也能充满热情地去工作呢？

努力在学习中提升自己

我非常有幸地参加了中小学学科带头人上海高级研修班学习。可以说，与丹东教育界一线的精英们能相约在上海，我是幸运的，也是幸福的。

伴随着紧张而有序的日程安排，不知不觉中便度过了培训的日子。此次学习，主要以聆听专家教育理论讲座、实地学校考察、参与听课评课活动、听取校长的经验报告为主。

安排紧凑的一系列的研修活动，不知不觉中一周就这样过去了。虽然时间短促，但使我在不知不觉中更新了教育理念，丰富了自己的专业知识，进一步了解和掌握了课改的发展方向，明确了今后自己努力的目标。真的非常庆幸参加这次的学习机会。

下面，我结合此次研修，从自己内心感悟最深的几个方面来谈谈体会。

一、丰富了自己的专业知识，更新了自己的教育教学理念

这次研修，我们聆听了很多专家学者的讲座及报告，其中华东师范大学教授、博士生导师王斌华，给我们做的报告题目是"课程改革与发展性学生评价"，王教授的讲座给我的启迪很大。王教授的讲座内容包括五个方面的内容：学生评价历程、学生评价现状、学生评价重点、学生评价方法、学生

评价管理。

通过对学生评价历程的分析，王教授作出总结：中国古代发明的考试制度，曾经遥遥领先世界几千年。但是现代意义上的"教育测验"和"学生评价"却发轫于英国和美国。学生评价的发展历程是一个不断传承、创新的过程，不断加强、完善的过程。考试制度、教育测验与学生评价始于不同时期，但都延续至今。在这期间，学生评价的方法不断增多，意味着对学生的评价越来越全面，学生评价的内容不断拓展。如今，我国在考试制度、教育测验、学生评价等方面有了长足进步。

王老师对在座的各位老师寄予厚望：希望在座的老师能有一种决心、志向和历史使命感——在学生评价发展的第四个时期，即"后学生评价时期"，有所作为，让第四个时期的重心再回到中国。这句话，顿时让我热血沸腾——作为教师，我们教育学生爱国，那么我们该如何爱国呢？我觉得教师要爱国，首先就要爱学生、爱教育事业。爱教育事业就要有科研意识。希望在以后的教育实践中，我能增强自己的创新意识，在学生评价的方法上能有改革意识，能有所创新。

在讲到学生评价现状，王教授说，现在一讲到学生评价，很多人就想到客观试题，想到的是一百多年前我国所发明的一系列考试方法。甚至现在有人简单地将学生评价等同于书面的、量化的大量计时机会考试。其实，这是一种非常狭隘的、片面的学生评价观。在这种不正确的学生评价观指导下，出现三种不正常的现象：注重书面测试，忽略其他测试手段；注重知识目标的考查，忽略其他目标的考查；注重分数名称，忽视起点与进步。在对这三种不正常现象的分析中，王教授强调了其他测试手段、其他目标考查、注重起点与进步的重要性。王教授还引用了爱因斯坦的两句话：想象力比知识重要，提出一个问题比解决一个问题重要。我们要避免出现这三种情况：缺乏创新能力、缺乏实践能力、才能被埋没。

......

王教授的精彩讲座，促使我产生了思考，对当前教育的思考，对当前学生评价观的思考，也促使我思考在教学实践中如何对学生进行合理评价来真正体现评价的有效性。

在不知不觉中，我丰富了自己的专业知识；不知不觉中，我更新了自己的教育教学理念。

二、促使自己对教师职业产生了深层次的思考，增强了科研意识

此次上海之行，我们还聆听了上海浦东教育发展研究院原院长顾志跃的讲座"教师的职业生涯规划与专业发展"。顾院长把在职教师专业发展可以分成三个阶段：初级（角色适应）、中级（经验积累）、高级（专业成熟）。顾院长提出，新时期的教师专业发展就是要不断引领大家跨过以下两道坎，对会教书的教师要从关注教法走向原创教学，编一本自己的教案集；对能教好书的教师从原创教学走到学科研究，写一本自己的学科教学论，走上学科教学高地。为此提出了在职教师"二次成长（蜕变）论"。教师成长的最高阶段是站在学科高地，对自己学段学科教学的六个基本要素……

讲座中，顾院长还给有志做研究的老师指出了一个研究方向——可以做学科的教学论方面的研究。而现在有关学科教学论方面的书非常少，且作者绝大多数都是大学老师。顾院长认为，当前最有资格写学科教学论的就是我们一线教师。因为我们和学生打了几十年的交道，有着几十年的实际教育教学经验。遗憾的是至今还没有一本由中小学的一线教师写出来的教学论。可以说，这是一片没人开垦过的土地。

顾院长的讲座引起了我的思考、憧憬：我是否也该编写一本适合我们学生学习的教案集？我能否有一天也能自己写一本生物学科的教学论？……在不知不觉中，我也对我所教的学科内容产生了疑问：生物学到底是一门什么学科？我们到底应该教给孩子的是什么？教什么？怎么教？通过生物学的学

习，学生应该获得的知识、能力、情感都是什么？……顾教授的讲座促使我对自己的教师职业产生了深层次的思考，也增强了科研意识。

三、在与同伴的互动中发现差距，提升自己

课堂上，专家的精彩讲座一次次地激起我内心的感应，更激起了我的反思。在这种理论和实践的对话中，我收获着专家们思想的精髓、理论的精华。在很多位教授的课堂中，教授都提倡听者与讲者的互动。在这种理论与实践的碰撞中，不仅加深了我对教育教学理论的理解，更有机会领略到了同伴们的风采。

在听课评课中，我不仅能领悟到讲课教师的新理念在实际课堂中的应用，享受着上海第八中学和延安中学为我们准备的"一道丰盛的大餐"——他们通过课堂用实践来践行理论。这对我来说，是理论学习的又一次内化。在评课中，我更为同伴们精彩的点评而赞叹。记得有人曾说过这样一句话"一个人能走多远，看他与谁同行；一个人有多优秀，看他有什么人指点；一个人有多成功，看他与什么人相伴！"我很庆幸，有这样一批优秀的同伴伴随在我的身边。

同样，在与同伴们的互动中，我也看到了自己的差距。我也将以此为起点，让"差距"成为自身发展的原动力，在学习中收获，在交流中解惑，在探索中感悟，不断梳理与反思自我，促使自己不断成长。我相信，在与他们的交流、互动中，我在逐渐提升自己。

总之，此次的考察学习，我感觉收获颇丰，不仅使我提高了认识，厘清了思路，找到了自身的不足之处以及与优秀教师的差距所在，更为今后如何更好地提高自己起到巨大的推动作用。我想，这次的考察学习只是一个手段、一个起点，对于此次培训所给予的清泉，我要让它细水长流。我会将在这里学到的新知识尽快地内化为自己的东西。

最后，请允许我再次幸福地感谢，感谢上海沪江进修学院，感谢同伴们

的一路相伴。

在未来的日子里，我将以此为起点，珍惜和把握今后人生中的每一个日子，以更加饱满的热情投身于学习实践活动之中，进一步加强学习，加深理解，不断地总结经验，不断地反思，不断地改进。我要做一名仰望天空的教师，为实现自身的专业化发展而努力一生！

学习永远在路上

　　作为学科带头人，我有幸去上海考察学习。

　　我深知，能有幸参加此次研修，这不仅是一种奖励，更是一种期待！是上级领导对一线教师的殷殷期待！在我内心油然而生的，是一种压力和动力！

　　所以，每一次的讲座，我都在认真地聆听；每一次的考察学习，我都在认真地记录；每一次的讨论交流，我都心潮澎湃……

　　下面，结合此次研修，我从以下几个方面来谈一下自己内心的一些收获和体会。

一、丰富了自己的专业知识，更新了自己的教育理念

　　这次研修，我们聆听了很多专家、学者的讲座及报告，让我享受到了高规格、高品质的"教育大餐"。这不仅丰富了我的专业知识，更给我带来了很多新的教育理念。

　　比如，聆听了华东师范大学王斌华教授的"课程改革与发展性学生评价"的讲座，不仅使我了解了学生评价的发展历程，也使我对学生评价的现状有了深刻的认识；同时，还对学生评价的方法以及评价的重点产生了深层次的思考……

　　聆听了顾志跃教授《课堂教学的评价标准》的讲座，我了解了教师专业

成长三个阶段的变化特点，也对自己的职业规划以及如何实现自己专业成长的"二次蜕变"，产生了深层次的思考……

通过聆听上海市第八中学校长对他们学校特色的"男子实验班"的介绍，我对"多元化"和"特色化"的办学理念有了新的理解，也对特色办学的发展思路产生了思考……

通过对上海市第八中学和上海市西延安中学的实地考察，我对校园文化有了更深的认识，真所谓"校园处处皆学问"：校园中的一花、一草、一树，都是校园里不可缺少的一道亮丽的风景线；校园里每一个细节的设计都在张扬着一种个性，都能体现出一种理念，一种思想，一种目标！

……

这一切都在潜移默化中更新着我的育人理念，加深着我对素质教育的理解。

二、找出差距，提升自己

此次研修，让我有机会欣赏并学习同伴们的风采。无论是在听课评课活动中，还是在与专家的互动中，我常常被同伴们那精彩、充满智慧的评课而打动，也常常折服于同伴们对教育教学那深刻而独到的见解。

与优秀的同伴相伴，让我看到了自身的差距。我将以此为起点，让"差距"成为促进自身发展的原动力，来不断地提升自我、超越自我！

三、充满信心，对未来的工作充满期待

此次上海之行的研修活动虽然结束了，但我知道，我的学习并没有结束。上海之行留下的思考仍需要我不断地去反思、去探索：我到底该成为一名什么样的老师？我该教给学生的到底是什么？我该如何去教书育人？我该怎样实现我的专业成长的"二次蜕变"……

伴随着这些问题，我会在实践中不断学习，不断反思，不断总结，不断改进。我要静下心来做一名仰望天空的老师，我要为守住自己的梦想而奋斗！

学习同伴，提升自己

荀子曾经说过："学不可以已。"意思是说，学习是无止境的，每个人都必须进行终身学习。作为21世纪的人民教师，终身教育和终身学习是我们成长和发展的必由之路。

也许，学习名师、亲近名师，是普通教师成长最好、最快的捷径，可名师对我们来说常常是可望而不可即的。其实，如果我们用心观察，在我们的身边同样存在着许多优秀的老师，他们严谨的治学态度，对学生那份真挚的爱，充满激情的课堂教学……一样感染着我们，教育着我们。可以说，身边的这些优秀的同伴们，对我们来说，同样是一种难能可贵的学习资源。

就以我们班级的任课教师为例。语文老师于泰辉，课堂中的他激情四射。讲解课文时，那富有激情的演讲式的朗读常常为他赢得阵阵掌声，他的妙语横生、幽默诙谐更是为他赢得了很高的声誉。他严谨的教学态度更是让我钦佩不已，学生的每个字，甚至每一笔、每一画，他都是那么认真地去审阅。他会因学生的某一次考试成绩不理想而深刻反思，甚至睡不好觉。这种能把学生的成就牵挂在心底的老师，难道不值得我们去学习吗？

被学生称为"美女老师"的蒋丽，深受学生的喜爱，那喜爱的程度让我这个班主任老师都有些妒忌。一年前一个偶然的机会，学生知道了她的生日，一年后，在她生日的这一天，学生还能记得她的生日，并给她送去生日祝福。当看着全班同学起立为她唱起生日歌的时候，有谁能不感动呢？作为一名外语老师，她为什么会得到学生如此的喜爱？我想，这源于她对学生的那份真挚的爱。蒋丽老师爱学生，这份爱是发自心底的，毫无做作的，她对学生的爱体现在课堂的每一个细节中，她以真诚、平等、信任的态度对待学生，她热爱、尊重和关心每一个学生，设身处地地为学生着想，把爱洒向班级的每一个学生的心田。课堂中，她丰富的肢体语言深深地吸引着学生，她的每一句话都散发着活力，她以独特的魅力征服了全班同学。于是，她教的外语也成为学生喜爱的学科之一。

数学老师耿东梅，在学生的心目中更像是慈母。她工作态度认真，不计较得失；她公平地对待班级的每一名学生，从不放弃班级的任何一名学生，即使是学困生，她也依然关心他，爱护他，充分维护他的自尊和自信；她能认可每个学生，能给学生充分的思维空间，让学生在课堂中展示自我。她用她的慈母般的爱换来了学生对她的爱和尊重，也换来了学生对数学学科学习的热情。

其实，这样的例子在我身边还有很多很多……从身边的这些优秀的同伴身上，我感受到教师一定要用心营造课堂情景，课堂才会激情飞扬，学生才会焕发生命活力；从他们身上，我体会到用心关注每一个孩子、关注课堂上的每一个细节的重要性；从他们身上，我知道了，无论你有多少年的教学经验，不能变的永远都是自己的付出与努力……

我从身边的这些同伴身上，我还学会了很多很多……

我感到很庆幸，身边有这么多值得去学习的同伴。我坚信，只要用心去观察、用心去学习，我会在不断向学习同伴的过程中，丰富自己、提升自己、超越自己！

学习与反思是专业成长的动力

今天，我想和大家谈两方面的话题：一是关于生物课的一点想法；二是我成长过程中的一点体会。

一、关于生物课的一点想法

说句实话，生物课上到了今天，有时候反倒不会上课了，不知道该怎样才能上好一节课。在我今天上的这节课中，我的想法就是尽量用身边的实物：利用了种子、利用了菜叶等，其实，有些现象在多媒体中可能看得更清楚，但我还是尽量选用身边的实物，其主要目的就是想和大家来探讨一点，即平时的课堂中怎样实施探究性学习。我们都知道，对于老师上公开课，社会上的评论很多，我们在听公开课的时候也常常感到，很多课只是一种花架子，课堂上看上去很热闹，丰富多彩，学生参与得也很充分。实际上，回头品味，往往感觉这节课给学生的知识很肤浅。讲课的教师往往很重视教学方式的改变，而对教学内容的研究却不够细。大家都知道，我们生物课程的根本任务是提高学生的学科素养，特别是一个普通公民终身发展所需的生物学科素养。这就要求我们在平时的课堂中，应该注重培养学生的问题意识，倡导探究性学习。而探究性学习，不仅仅指做探究试验。在平时的课堂上，一粒种子、一棵菜、一朵花等我们都可以用来探究，甚至针对一个想法、一句话都可以进行探究性学习。我觉得，只要我们用心去思考，在日常的教学中，我们可以把这种探究性学习贯穿在每一节课中。只要我们努力去做了，我想我们的课会受到学生欢迎的，我们的生物课对学生的影响也会是终身的。

记得，在我组织学生开的一次"谈理想"的班会中，一个学习成绩并不好的学生站起来说，他的理想就是长大了要当一名生物老师。我想，这就是对我们生物教师的最高赞赏吧！

二、我成长过程中的一点体会

我想，在座的任何一位教师，当回顾自己的发展历程的时候，感悟颇深的事一定有很多很多。在此，我只想谈两方面的体会。

（一）要学会把压力变为动力

压力对人并非只是一件坏事。很多时候，我们需要一种力量来推动。人，很多时候都还是有点惰性的。假如凡是会让我们产生压力的事都回避，那么，我们的能力和潜质就永远不会得到证明。

说到这里，我要谈一下我的第一次作课经历。那是在1999年，市电教馆组织了一次电教说课比赛，每个学校给1~2个名额，我们学校推荐我去参加，当时我不太想去。因为那时候，说课在丹东刚刚开始，谁都不知道什么是说课，怎样说课。在没有推辞掉的情况下，我参加了。参加了以后才知道，学校非常重视这件事，这给了我很大的压力，这也激励着我去研究、去学习。正是在这种压力下，使我的电教说课获得了成功，取得了全国一等奖，而且被邀请到山西太原去参加现场说课展示。当时，全国只选了四节课在总会场说课，我的现场说课取得了预期的效果，而且，当天山西电视台教育频道播放了我的整个说课过程。

通过这件事，我感悟到：人是通过压力而成长的，因为压力是孕育成功的土壤。今天，我们有幸遇到一位很务实的教研员。她爱钻研的这种工作作风，可能给了我们很大的压力，但也正是因为这样，才使我们产生前进的动力，推动我们不断地去努力，从而使我们这个团队有着很强的实力，使我们这个学科的老师在各个学校都很受重视。

（二）要善于合作

我们总是强调要学生学会合作，其实，对我们教师而言，合作也是很重要的。在一个教师的专业发展历程中，教师群体的相互合作，起着非常重要的作用。

以我在省"初中教学改革观摩研讨会"中上的一节课为例。记得有一年的4月末，我接到通知，让我准备一节课，5月10日到兴城去上一节观摩课。当时的我，还没上过省级公开课，而且，由于时间很仓促，在丹东市各学科中，只选了我这一节课，我感觉压力很大，甚至有点手忙脚乱。这时候就体现出了同伴互助的作用：在"五一"放假期间，教研员刘昆老师亲自到我家来指导，我们组的唐琦也来和我一起切磋。5月8日到学校以后，我们学校教务处的沈文霞主任和五中生物组的全体教师都去听我试讲，而且，听完了之后，提出了很多很好的建议。终于，我的任务圆满完成了，在省观摩课中获得了一等奖。

在五中，我们生物组各成员是在彼此互动、合作中成长的。2006年，我交流到了九中，和孙怀东老师在一起共事，我相信我们也会合作得很好。就拿今天的作课来说，我们同上一节课，的确有点压力。该如何准备呢？我们经过商量，最后决定，我们俩先独立设计这节课，然后交流各自的设计方案，在交流中，彼此提出意见，如果认为对方的哪一点可取，也可以拿来借鉴。这样，我们俩都有了自己认为比较满意的设计方案。

由此可以看出，我们在发展过程中，要学会开放自己，教师间要有非常真诚的人际关系，大家要彼此信任，互相视为心灵伙伴，只有这样才能无拘无束地发表意见，发生思维碰撞。而这对于一个教师的发展来说，是非常可贵的，也是非常重要的。

以上是我谈的两点体会。

最后，我想说的是，作为一名生物学教师，我能在这么一个优秀的团体中，身边有这么多优秀的人，我真的很骄傲。成绩是属于过去的，在以后的日子里，我会把成绩当作新的起点，会继续努力。未来会给我们带来新的机遇，也会给我们带来新的挑战。我相信，只要我们尽心尽力，最起码在我们所教育的学生的眼里都是了不起的教育家。

参加骨干教师省级培训感言

我有幸参加了辽宁省骨干教师省级培训，培训的地点在沈阳师范大学。

这次培训是很难得的一次学习的机会。全省共有三千多人，分别在辽宁师范大学、沈阳师范大学、渤海大学等几个地点进行培训。这次培训涉及的学科非常广，参加的人数也非常多，本来这次培训时间计划是从2月2日—2月8日。由于某种原因，时间重新进行了调整，培训时间改为2月2日—2月6日，于是，我们培训的时间就更紧凑了，甚至天天晚上还要上晚自习。

很快，大家就进入了一种类似于大学生活的节奏中，整天忙忙碌碌的，每天几乎都是"宿舍—餐厅—教室"三点一线的生活。此时家乡早已经看不到冬天的痕迹了，可是沈阳的大地上却依然到处是雪，每天我们都要在这"三点一线"的雪地中匆忙地穿梭着。

我们这些学员绝大多数都是很久没有进行这样正规的学习了，的确感觉很忙、很累、很乏，但又觉得很充实。这些学员大都很好学，每天都认认真真地听课，认认真真地记笔记，认认真真地观摩，认认真真地交流反思……真的好像又回到了学生时代。

这次培训实施方案的通知中明确提出这次培训的目标是"使骨干教师树立全新的教育教学理念，具有高尚的教师职业道德情操，教书育人；有较宽的教育视野，掌握教育教学规律，拓展学科知识领域，形成独特的学科教育教学风格；掌握一定的现代教育技术，实现信息技术与学科教学整合；具备较高的教育教学研究和教育创新能力，在全省中小学教育教学工作中发挥示范和带头作用，成为教育教学专家型教师"。

但是我想，如果仅仅通过短短几天的时间就能达到这个目标，的确不太现实。不可否认，这几天的培训，确实让我感悟很多，收获很多。

这次来负责给我们培训的都是沈阳师范大学请来的一些知名专家学者、校内外学科带头人等。负责为生物学学科教师培训的有沈阳师范大学教师专业发展学院的刘东方老师，她的讲座的题目是"初中生物课堂教学评价研究"；有本溪满族自治县教师进修学校副校长徐世贵老师，他的讲座的题目是"骨干教师的课堂教学专业成长"；有沈阳师范大学刘力教授，她的讲座的题目是"现代信息技术与初中生物课程教学的整合"；有沈阳师范大学教师专业发展学院院长郭黎岩老师，他的讲座的题目是"教师与青少年心理健康教育研究"；有省生物教研员王艳萍老师，她讲座的题目是"初中生物教师的专业化发展"；有大连市甘井子区教师进修学校生物教研员史桂梅老师，她的讲座的题目是"如何有效组织生物实验教学"；有辽阳市教师进修学院的张洪娟老师，她的讲座的题目是"校本教研及其策略"；有沈阳市大东区教师进修学校生物教研员吴芳老师，她的讲座的题目是"生物课程资源的开发与利用"；有沈阳师范大学教师发展学院的刘继和老师，他的讲座的题目是"教育科学研究方法"；有沈阳师范大学史立平教授，她的讲座的题目是"国际课程改革的动态"。

专家们的那些具有前沿性、时效性、拓展性的讲座深深地吸引了我们。课堂上，他们深入浅出，以鲜活的实例和丰富的知识内涵及精湛的理论阐述吸引着我们；他们严谨的治学作风、渊博的知识、深厚的理论功底让我们钦佩；他们热情开朗、平易近人的态度使我们感到温暖。

课堂中，他们旁征博引，大大地开阔了我们的眼界，我们不仅感受到了名家风采，也丰富了教育教学的理论知识，更新了一些教育教学观念，在不知不觉中一些教育教学观念发生了变化，在不知不觉中形成了一些内在的理念，在不知不觉中产生了一种要把新课程提倡的理念好好践行起来的强烈愿望。

可以说，这次培训是以往多种培训都无法比拟的，也可以说，这是一次丰收的培训，是促使我去思考很多问题的培训。

下面，我谈一下在这次培训中促使我思考的几个问题：

第一，关于"生物学课堂教学评价的思考"。我们知道，课程评价改革既是课程改革的重要组成部分，也是推进改革的关键所在。课堂教学是实施新课程的主渠道，课堂教学评价也是课程评价中的重要组成部分，因此，搞好课堂教学评价，对新理念下的课堂教学改革，乃至课程改革都具有重要的导向、推动作用。但是，到目前为止，对我们一线教师来说，这方面工作实际操作起来问题还是非常大的。比如，评价的工作量非常大，那么应该由谁来负责进行量化统计的工作呢？以什么方式来统计呢？又安排在什么时间来进行统计呢？评价的一些抽象化内容能否变成一些具体化的内容呢？如何避免操作中的一些走形式的现象存在呢？……我觉得这些问题如果仅靠一些学者们"纸上谈兵"肯定不行，这就需要我们一线教师不断地在实践中操作、改进、总结。

第二，关于"教师应该以什么方式、用什么时间来提升自己"的问题。新课程对学生素养要求不断提高，对教学方法要求不断提高，对实验要求不断提高……这一切都需要教师不断提高素质，可以说，提高教师素质是实施新课改的关键。在给我们培训的讲座中，徐世贵老师给出了教师成长最实用的八种方法：读书法、经验移植法、备课研究法、公开课历练法、叙述研究法、网络利用法、结交师友法、小课题研究法。相信这些对于我们提升自己专业水平一定有用。可是，在实际中很多问题又会出现：教师到底该以什么方式、用什么时间来提升自己呢？作为一线教师，我们平时的工作量就已经非常大了，我们要备课、教课，研究学生、管理学生，还经常接受一些临时安排的其他任务，应对一些流于形式的检查……很多时候，甚至8小时之外的时间我们也在工作。据我所了解的情况来看，我们实际的工作量要比一般的公务员多得多，但实际的待遇却并没有他们高。这样看来，我们的确很难有多余的时间来学习，也没有更多的激情参与学习。其实，要解决这个问题，仅仅靠我们去抱怨，是于事无补的，也需要我们一线教师去思考，去想办法，去提一些合理化建议。

第三，关于"教师成长中同伴作用"的思考。记得一位专家这样说：教师成长的重要途径之一就是同伴互助。在这次培训中，同伴对话的确起了很大的作用。印象最深的是省教研员王艳萍在讲座之后，送给我们两节录像课，看完了这两节课后，大家就开始了激烈的交流与讨论。在和谐融洽的氛围中，学员们纷纷结合自己的教学实践，大胆地陈述自己的观点、想法，提出自己感到疑惑的、难以解决的问题。通过交流，彼此间不仅碰撞出思维的火花，还增进了了解，加深了友谊，省教研员王艳萍老师对我们的表现不断地加以赞赏。的确，在这种同伴的互动中，我们共同分享经验，互相学习，彼此支持，共同成长。希望在以后的教学中，我们能有机会搭建更多的这样的平台。

第四，关于"加强生物实验课教学"的问题。生物是一门建立在观察和实验基础上的科学。实验是人类认识和研究生物科学的重要手段。因此，实验教学也是生物教学的一种重要手段，具有十分重要的作用。由于多种主客观原因，在实际教学过程中，实验课的开课情况一直都不理想，有很多实验都成了"纸上谈兵""动口不动手"。这次培训，我听了大连市甘井子区教师进修学校生物教研员史桂梅老师的讲座后，感触很深。她曾经在一个比较落后的学校调研了一个学期，在那里，她与那里一个年轻的生物老师一道想尽办法尝试着完成了"课程标准"中所要求的各个实验，因此积累了大量的感性材料，看到她津津乐道地介绍她所做的每个实验时，我真的被深深地吸引了。其实，很多实验并不像我们想象中的那样难以完成。只有我们用心去想，一定会有办法的。

第五，关于"面向全体学生与注重个别差异"的问题。根据义务教育的性质和新的课程标准，教学必须面向全体学生，使他们都能掌握一定的基础知识和基本技能，所以在教学中必须面向全体学生，使每个学生在原有基础上都得到最大可能的发展，从而实现全体学生素质的提高。同时，又必须正视学生的个体差异，因材施教，这样使每个学生的才能都得到充分的发展。在实际工作中，特别在实验课堂上，我们很多老师还是不放心把实验交给学生，存在把探究实验当成验证实验去完成的问题，从而没有让学生学会思考，学生体验不到科学探究的乐趣，不利于学生的发展。在培训中，史桂梅老师的一句话让我感触很深，她说："我们应该给不同层次的学生搭建不同程度的台阶。"

当然，在整个培训过程中，促使我思考的问题还有很多很多……我们一线的每一位教师，都不应该做课程改革的旁观者，而应该积极参与到课程改革中去，推动它朝正确方向发展。希望有时间与大家再继续交流。

为期一周的培训载着我们沉甸甸的收获和理想结束了。此次能来沈阳师范大学学习，感谢的人很多。首先应该感谢的是我们的校领导和教委领导给我的这次机会，感谢他们对我的信任和重托。还要感谢为我们的培训做出周密计划的沈阳师范大学领导和管理人员，感谢他们给予我们的关怀和照顾。最后，还要感谢的是这次培训我们的老师们，他们放弃了自己的假期，认真来备课，认真来上好每节课，他们是我们的榜样！

这次培训如一股清泉润我心田，让我学习到了很多新鲜的内容，我会把这次培训所学到的知识和技能运用到教育教学实践中去，并在工作中不断学习、不断实践、不断总结、不断提高，使自己在教育的天地里走得更远。

对城乡教育差距的思考

为了切实推进先进性教育活动，前些日子，在丹东五中领导的大力支持下，我们几位教师到凤城某镇去参加一个"送教下乡"活动，其主要目的是想送去一些先进的教学方法和教育教学理念。

想象中，那儿应该是一个很贫穷的学校。与市内学校相比，一定会有很大的差别。没想到，一到那里，我们眼前忽然一亮：崭新的教学大楼、气派的电动大门、现代的多媒体硬件设备。

这些都让我们惊叹：原来城乡学校在硬件上竟然没有多大的差距！

可是，当上课的时候，我们感觉到了差距：那里的学生还没有完全从传统的课堂中解脱出来，知识面比较窄，对新事物了解非常少，课堂中学生的主动性有待提高。通过学生在多媒体课堂中露出的兴奋的眼神可以看出，这里的教师上课的模式一定是比较传统的、单一的模式。

通过校领导的介绍，我们了解到这里的师资力量还是远远不够的。看来城乡的教育在硬件上差距在一天天减少，但软环境上的差距有待缩小。

在语文课方面，我们送去的是一节郭沫若的《天上的街市》，作课教师王雅琴老师利用多媒体技术，把郭沫若笔下的天上街市一幅一幅地展现在学生的面前。在老师的启发下，孩子们用他们朴实的语言描述着他们眼中美好的幸福生活……当我们听到他们盼望着的幸福生活是"物质生活"时，内心竟然有一种酸酸的感觉。

令我感受最深的是一节外语课。宋春蕾老师送去的是一节《How to Make Milk Shake》。听课过程中我明显感觉到这里的孩子的英语口语表达能力较弱，而且都很羞涩，不愿张口说。经老师一再鼓励，才陆陆续续地出现了几个大胆的发言者。与市内课堂上学生的那种热烈的发言场面形成了一种明显的对比。这节外语课宋春蕾老师主要通过制作奶昔来增加学生学英语的兴趣，来提高学生的听说能力。制作奶昔的用具和材料都是宋老师自己带去的，学生们都很兴奋，看来他们从没有上过这样的外语活动课。

当奶昔制作好的时候，宋春蕾老师用自己准备好的一些纸杯盛好分给同学们品尝。让我们没有想到的是，这些学生竟纷纷把自己的那份奶昔送到了后面听课的老师面前。

这情景的确感动着我们这些来送课的老师们。

同样的一节外语课，在市内学校上的时候，我们看到的是学生们用流利的口语交流，回答问题也是争先恐后，品尝奶昔也是津津有味。但却没有一个学生想让听课的老师品尝奶昔。

的确，城里的孩子知识面广，思维活跃，在这些方面农村的孩子是比不过城里孩子的。可是农村孩子所具有的朴实善良，吃苦耐劳，却又是城里孩子的身上所缺少的。

看来，城乡的学生的确存在着差距。这些差距促使我们这些教育者去思考。

第四章

师生之情，悦趣无穷

规则，是用来遵守的

　　我曾看过这样一篇文章，题目是"世界上有一种东西叫规则"，感触很深。的确，规则就是用来遵守的，破坏规则就应该受到相应的处罚。

　　有的人做错事，是因为不知自己的所作所为何错之有；而有的人做错事，是因为目无规则。后者把挑战规则当作乐趣，作为炫耀的资本。太多的不文明行为，也说明了现代社会中有很多人缺乏规则意识。

　　现在，一些家庭过度宠爱独生子女，导致一些独生子女的表现令人担忧：好逸恶劳、高傲自大、撒娇任性……他们中有的目无规则。面对这样的独生子女，班主任有时候也显得束手无策。

　　记得刚接这个新班不久的一天早晨，班干部向我汇报，说班级的叶同学昨天下晚自习的时候欺负班级的赵同学了。经过我的了解，发现只是因为一点儿小摩擦，叶同学便想在下晚自习后在校门口堵住赵同学，打他一顿。所幸赵同学跑了，两人没有打起来。

　　听到事情的经过，我非常生气，便严厉地当着全班同学的面批评了叶同学。这当众的批评，使一向被家里过度宠溺的叶同学来说有点受不了了。于是，他发怒了，竟要起混来，一股脑儿地把责任全推到赵同学身上，而且当着我的面要追赵同学，准备继续打他。

　　作为多年的班主任，还真没有见过如此蛮横的学生。把他喝住之后，我便把他的母亲请到了学校。结果他母亲来了之后，他非但没有收敛，竟然还拽着他的母亲要到教育局去告老师的状，因为"班主任管闲事了"。

看到这样的情况，她的母亲非常不好意思，说要领他回去冷静一下，我同意了。后来经过我和他母亲的沟通以及通过他的小学同学的了解，知道他小时候一直由奶奶照顾，奶奶的过度宠爱，导致他蛮横任性，一耍起泼来，没人能治得了他，于是他就更加肆无忌惮。

了解到这些情况，我想，这件事如果处理不好，不但对叶同学未来的发展不利，而且对新组合的班级来说，也是一种非常不好的影响。如何结合这件事来达到教育目的呢？我想，通过这件事首先应该让刚上初中的学生明白规则的重要性，要学会遵守规则；其次应该让学生学会宽容善待他人。思考之后，我找到了学生处的王主任，把我的想法和王主任说了，经过我俩的沟通和商讨，确定了这件事的教育方案。

很快，叶同学的妈妈来电话了，说孩子经过家长的教育认识到错误了。我便让家长把孩子送到学校，在叶同学的心中肯定以为，这件事会和小学的处理方式一样，承认错误便没有事了。叶同学来到学校以后，习惯性地像小学时一样，和老师承认了错误。可是，我并没有像小学老师一样很快原谅他，而是告诉他，很多事不是承认错误就可以免责的，这件事影响太坏，所以，学校要进行处理。于是，我把他领到了学生处。

在学生处，王主任对他进行了非常严厉的批评，同时也提出了处理意见。这种严厉的教育方式，的确起到了震慑作用。回到班级，他认认真真地写完检讨书，认认真真地当众承认了错误……

过后，我通过和他妈妈沟通，了解了孩子的真正想法。孩子妈妈说孩子回家告诉她，以后不能再欺负同学了，初中和小学不一样，再欺负同学后果是非常严重的。

的确，自从这件事以后，叶同学收敛了很多。虽然偶然还会出现一些问题，但他不再肆无忌惮了，因为他知道了规则的重要性。

什么是规则？规则就是我们教育给孩子的"无规矩不成方圆"，是我们一次次强调的"红灯停绿灯行"，是我们一句句朴实又简单的"要听话"。规则是对自由和空间提出的相对的限制与约束，是一种良好的规范和秩序，可以使人们的活动得以顺利进行，使人们发挥更大的自由，享受到更多的乐趣。

规则意识源于敬畏。如果人人都能敬畏规则，那么我们每个人都会在一种有序的环境中生活、学习。一个社会规则意识越高，社会将会越文明。

作为教师，我们要教育学生有规则意识，要教育学生尊重规则、敬畏规则。如果人人都能重视规则、尊重规则、崇尚规则，那么我们的校园就会是一个处处有规则、事事按规则、人人守规则的文明校园。

教育中的小事与大事

　　人们常说"教育，是关系国家命运的大事"。可细细想来，作为一名七年级的班主任，我每天的工作都是在为"小事"而忙碌着。关注细节、帮助学生养成各种好习惯……这些，都是我每天必做的小事。

　　我们都知道，一个好的班集体绝对不是学生听话就好，更重要的是这个班集体应该充满正气、充满活力和朝气，只有这样，我们的学生才会积极向上，我们的班集体才会充满生机。所以，培养学生们的自信心和自我展示能力，也是这学期我一直关注的重要方面。

　　鼓励学生勇于表达自己的心声，既有助于培养学生的自信，又有助于老师及时了解学生的思想动态。而且，我认为一旦学生学会表达自己的感情，他就更容易控制自己的情绪。所以，无论是在课堂上还是在班团会中，我都鼓励学生要把自己内心的真实想法说出来。

　　前几天我外出培训，回来的时候，替我带班的毕老师便告诉我前几天发生在班级里的一件"不太好"的事情：那是一节心理健康的公开课，来听课的不仅有同学科的老师，还有很多校领导，包括我们校长。在课堂中，王老师给大家做了一个小测试，目的是引导学生分析成绩不好的原因，王老师给出了很多个选项，其中选项之一是：你对学校感到厌烦。班级的赵同学第一个举手发言，他直接选择了这个选项。于是，王老师便让他具体说一下学校的哪些方面让他感到厌烦。他便直言：初中生活太累了，有时老师还拖堂，让他下课连水都喝不上……

听着毕老师的叙述，我的内心也很生气：老师拖堂现象并非经常出现，我们教育了他近半年，从他嘴里出来的竟然全是抱怨，他毫无感恩之心……冷静下来之后，我联想到他以前的言行，联想到他几乎没有什么好朋友，我觉得这个孩子在心态方面是存在一定问题的。

如何来引导他？如何能让他对人对事少一点儿抱怨、多一点儿理解和感恩呢？

思考之后，我决定还是利用班集体的力量。一方面，学生相互间的积极影响也许会比老师单纯的说教效果会更好一些；另一方面，对班集体也是一种教育。

午休时间，我用这样一句话引入主题："人们常说'积极的人像太阳，照到哪里哪里亮；消极的人像月亮，初一十五不一样'，大家是怎么看待这句话的呢？"学生们纷纷对这句话给出了合理的解释。然后我又引导学生思考："你喜欢和什么样的人做朋友呢？为什么？"学生们又开始纷纷表态，答案肯定都是喜欢和积极的人交朋友，理由也都说得很充分。比如，有的学生说："积极的人是乐观向上的，他们的精神是富有的、幸福的，走到哪里都能感染其他人。"有的学生说："消极的人为人处世总是充满抱怨，没有幸福感。"进而，我又引导学生思考："同样一件事，积极的人和消极的人想法肯定是不一样的，对吧？"同学们点头肯定。"谁能举例来说一下呢？"有的同学便站起来举例子加以说明……在此基础上，我便开始直入主题，启发学生思考："对于个别老师偶尔拖堂这件事，你们怎么看待呢？"此时我偷偷地关注赵同学的表现，发现他不自然地低下了头。这时，有的同学站起来说，老师想把该讲的内容讲完，应该理解老师；有的同学说，下课的时候老师需要用更大的声音来讲课，很辛苦；还有的同学直接说，应该怀着感恩的心来对待老师的付出……

听着同学们的表达，我知道我的教育目的达到了。

　　自习课的时候，我把赵同学单独叫出了教室，还没等我说出目的，他就说："老师，我知道我错了。我应该怀着感恩的心来对待老师和学校。"既然他明白了道理，我就没有再多说他，只是叮嘱他以后无论遇到什么问题都要用感恩的心和积极向上的态度来对待。他坚定地点了点头，说："好！"

　　过后，我又和他妈妈单独沟通了一下，他妈妈说在家里也发现孩子经常抱怨，但没有引起她的重视。以后她会多关注孩子这方面的问题，努力做好孩子的引导工作。

　　我们常说，教育无小事。这件事虽看似不大，但如果没有引起我们足够的重视，很可能未来就会多一个"问题学生"。所以，作为班主任，我们每天都要努力地多一点关注身边的每个孩子，努力地多一点关注教育的每个细节。也许，我们的这一个个"多一点"，会温暖很多孩子的一生，会幸福很多家庭。这些看似"教育中的小事"，也许就是"教育中的大事"。

师生情怀

那一天，因为高二会考，一中、二中、四中的高一学生都放假了。于是，这些孩子便自发组织到初中来看望母校的老师们。

虽然他们已经毕业半年多了，外表的变化自然不小，可师生一见面那亲热劲儿一点儿不减当年，甚至更甚于当年。这个说："老师，我想你了！"那个说："老师，您看我又长高了！"……看到自己亲手培养出的一个个小帅哥、小美女，内心自然特荣光。

说笑间，我突然灵机一动，觉得应该抓住这个机会，让我现在所带班级学生们和他们的这些优秀的师哥师姐们来个互动，这对彼此应该都是一种鼓励。

于是，我便把想法告诉了这些来看望我的学生们，刚开始他们有些胆怯，不敢进教室，在我的鼓励下，他们终于走进了教室。而在教室里坐着的这些师弟师妹们早等得不耐烦了，他们一踏进教室，立刻响起了一片掌声，这掌声打消了他们的一切紧张感。于是，一场特殊的互动开始了……

不愧是师哥师姐，他们用幽默、诙谐的话语鼓励着这些还不太懂事的师弟师妹们。同样，他们也用充满深情的话语表达了对老师的爱。这个说："咱们老师要求一向比较严格，你们一定要理解，这是对我们负责，你们千万不要惹老师生气啊！"那个说："老师就像我们的妈妈。所以，你们一定要像爱妈妈一样爱我们的老师啊！"……

他们的互动，让我欣慰，让我激动，让我留恋。

人，有多种情怀。师生情怀，是一种牵挂，是一辈子的缘分，让人沉醉。我们曾经用了整整三年来共同编织了一个属于我们自己的梦。相信，孩子们会把这份梦想和师生之情永远珍藏在心中。

未来，梦想还会继续。

爱心是一盏灯

　　为了提高中小学生的身体素质，增加学生的锻炼内容，教育部决定在全国中小学推广新编的《第一套全国中小学校园集体舞》。

　　据说新推出的校园集体舞，能充分考虑不同年龄段学生的生理和心理发育规律，既能培养审美情趣，也能锻炼身体，很适合广大中小学生。

　　由于思想观念的影响，很多学生相对比较保守，不愿意参与现代舞的学习。我担心体育老师在教我班学生跳舞的时候会遇到阻力。所以，在体育课上老师教舞的时候，我在旁边听课。

　　很多学生看到班主任在，于是便不得不跳了。可是，手却拉不到一起，很忸怩。经过体育老师和我的共同努力，大多数学生开始大大方方地跳了起来。

　　这个校园舞的确让人耳目一新，极富时代特点和青春气息。

　　忽然，我发现班级的一个男生说什么也不去拉和他搭档的女同学的手。我做了思想工作依然无效。于是，我准备回教室再处理，想暂时给他调换一下搭档。没有想到，要调换的另一个男同学也坚决不同意拉这个女同学的手。

　　于是，我明白了：他们是在嫌弃这位女同学。

　　我无言了，气愤的火焰在内心逐渐上升。为了不使这位女同学的自尊心再受到伤害，我没有再进行调换。

体育老师让她在一边先看大家跳舞。

……

同学们跳得很高兴，偶尔会向这位女同学这里望一眼。而这位女同学则始终在一旁羡慕地看着大家跳舞。

我的内心被触痛了。

因为这位女同学的智商要比其他人低一些，一直受到同学们的冷落。虽然，她总是那么努力地去做好每一件事，总是那么努力地去讨好大家，甚至有时老师在课堂上要小测验，需要学生自己准备纸张，她也总是热心地为旁边的同学送去。可是，我看到，大家用了她的纸却好像并没有领她的情，甚至都没有说一声"谢谢"。

虽然我接手这个班级的时间并不长，但通过观察了解，我知道她的学习成绩不好，但品德却很好。她从来不与他人争什么，即使别人说她些什么，她也从不计较；她做值日工作非常负责任，从不与他人计较，总是多干活；上课也是竭尽所能地来回答问题，作业也总是认认真真地去完成……

"这样的同学，他们凭什么嫌弃呢？又有什么资格嫌弃呢？"我走进了队伍里，选了几个性格好的男同学，让他们出列，来到她的面前，让他们分别来教她跳舞……

看着这几个男同学都在认真地手把手地教，她也那么认真地学，我内心的怒火渐渐地平息了。

体育课结束后回到了教室，同学们都安静地坐着，一动不动。他们看出了我在生气。

为了不使这位女同学再受到伤害，我随便找了一个理由，把这位女同学给支出教室。

大家都知道，我国独生子女占学生的绝大多数，由于诸多因素的影响，学生自我意识强烈。因此，让学生有爱心在教育中已经摆到了重要的位置。结合这件事，我开始对学生进行了一次"爱心"教育……

如果一个学生连身边的同学都不爱，难道他还会爱社会吗？会去爱那些不认识的、需要我们去帮助的人吗？……爱心应该从一句温暖的话开始，爱心应该从学会感恩开始，爱心应该从帮助同学拾起掉在地上的一张纸开始，爱心应该是从教会同学一个舞蹈动作开始……

我想，这应该是一次很生动的教育。看着他们惭愧的眼神，低下的头……我知道：我的教育目的达到了。

我相信，这次的教育会让同学们真正理解"爱心"的含义。

我相信，以后的体育课不会再出现这样的问题了。

其实，所有的学生，无论是智商高的还是智商低的，无论是家庭条件好的还是家庭条件差的，无论是听话还是调皮捣蛋的，都十分需要教师和同学的爱。爱，是教育的基础，没有爱，就没有教育。学生有爱心，才会有责任感，才会有学习的动力。

作为一名教师，我想，只要我们能抓住生活中的每一个细节，从我做起，从每一件小事做起，用实际行动给学生示范，用亲情、真情去感染学生，涓涓细流汇成大海，相信我们的用心一定能培养出学生的爱心来！

爱心是一盏灯，照亮别人，也温暖自己。

给每个学生一个展示自己的机会

学校要组织一次观摩班会，我有幸被推荐上来了。

可是，时间却很紧迫。我想，既然是观摩班会，就要精致一些，这就要有好的设计思路、丰富的班会材料，课件也应该精彩一些。可是，要在这么短的时间内，既要考虑设计思路，又要准备材料，还得忙于制作课件……这么多的任务如果都要我一个人来完成，难度的确很大。

灵机一动，我想到了班会的主体——学生们。

在我的班级，在日常的课堂教学、班级管理以及各种活动中，很多时候都是以小组为单位的形式来进行汇报或评比的。

这次的班会，我为什么不可以以小组为单位的形式来进行展示呢？

于是，一个比较有创意的设计思路在我脑子里产生了。顺着这条思路，我把班会的主题分解成很多小板块，每个小组承担一个板块的所有内容。我的要求是——在观摩班会中，每个小组的每个成员都要有上台展示的机会。

各个小组接受了这个任务之后，开始热火朝天地准备起来。于是，每到课间、中午等时间，每个小组的成员都聚集在一起，共同设计思路、分配角色、进行排练等。这时候看起来真是一道道独特的风景线——各个小组之间好像在相互暗暗较劲，一个比一个有特色，一个比一个干劲足；而每个小组都成了一个个和谐的小群体，大家相互帮助，相互切磋；每个组内部的每个成员都成了一个主角，大家都在那么投入地"排练"。

此时的我真的受到了触动：其实，每一个学生内心深处都强烈渴望着被欣赏、被发现，他们拥有着强烈的表现欲。作为老师，我们的确应该努力为学生提供各种能够展示自我的舞台，让他们尽情地、淋漓尽致地表现自己的才华、发挥自己的潜能。只有这样，才能激起他们的信心和热情，只有这样，我们才会培养出一批自强、自信的人。

班会终于在热烈的气氛中结束了。

如预想的一样，班会受到了好评。会后，很多老师对我说："你班学生的素质怎么那么高？怎么都看不出来有什么差别呢？"其实，差别还是有的。但我想，只要我们敢给学生一个展示自己的舞台，一定会收获到意想不到的惊喜。正如我们领导评价的那样，"有的孩子，可能从小到现在也没有一次在这么多人面前展示自己的机会；有的孩子站在台上，嘴里说着台词，腿却在那儿打着哆嗦。可是，这次给他们的展示机会，可能对他们一生的成长都有极其重要的意义。"

是啊，很多时候，一些学生可能因为调皮、学习困难等原因失去了很多展示自我的机会。可是，一旦我们把机会给了他们，他们往往比别人更珍惜，更努力！作为教师，当你看到一个经常因调皮而受批评的学生那么认真地准备着他的"节目"，那么认真地背着"台词"，腿直打着哆嗦却依然认真地表演着节目的时候……你难道不感动吗？

苏霍姆林斯基曾说："让每个学生都抬起头来。"就是要我们相信每一个孩子，尊重每一个孩子，为每一个孩子的发展创造契机。作为教师，我们的确应该常常反思：在教育教学活动中，我们如何去关注每一个学生？如何去发现、去挖掘每一个学生的潜力？如何给每一个学生展示自我的机会？让他们收获成功的喜悦，获得前进的动力！

精彩的绽放

那天下午，我像往常一样拿着教案、踩着铃声走进了一个七年级的教室。班级的值日生正在擦着满黑板的数学题。看来，学生们又没有好好休息了，他们一定是利用中午的时间做了很多数学题。

看到他们一个个疲惫的样子，我有些心疼，可是，却很无奈。总不能利用我的课堂时间让他们休息吧？可是，在这种状态下上课，效率又怎么会高呢？

我有些担心了。

果不出所料，聪明的他们今天竟连一丁点儿聪明的影子都找不到了，一个个无精打采的，即使回答问题，也没有了以往的激情和活力。

本节课的内容是有关"植物体的结构层次"的教学，不仅要求学生知道绿色开花植物的器官组成，还要能描述其结构层次，识别植物的几种组织，理解组织、器官的概念。这些内容对学生来说，是比较抽象的。

如何把学生的积极性调动起来呢？

我灵机一动，想起了我办公桌上的一些橘子。于是，马上派一个学生把这些橘子给取了过来。

学生们开始摸不到头脑了，他们不明白老师在做什么。

我微笑着对他们说："老师有些口渴，可以吃一小瓣橘子吗？""可以！"学生们极有风度地说。我毫不客气地把一瓣橘子放到了口里……我看到几个学生似乎在做吞咽动作，我忍不住笑了，问大家："你们也想品尝一下吗？""想！"学生们也毫不客气地、响亮地回答。我说："老师这里有几个关于橘子的问题，如果大家研究明白了，就可以品尝一下，可以吗？""可以！"

于是，我拿着我的橘子开始提出问题：①橘子是植物体的器官，对吗？②橘子皮主要是由什么组织构成的？③橘子中的丝络主要是什么组织呢？④我们吃橘子，主要吃的是哪种组织？……

学生的倦容早已不见了，他们的积极性被调动起来了，开始针对这些问题进行热烈的讨论……

苏霍姆林斯基说："教育的技巧并不在于能预见到课的所有细节，而在于根据当时的具体情况，巧妙地、在学生中不知不觉地做出相应的变动。"

我们的教育对象是一个个活生生的人，他们有着各自的观察、思考和解决问题的方式。由于这些客观存在的个体差异，在教学过程中情境瞬息万变，情况错综复杂，随时有可能发生种种意想不到的事件。这就需要我们教师及时发挥教学机智，作出迅速而准确的判断，并妥善处理。

也许，我们的一个灵光闪现就会开启无数智慧的头脑；也许，我们的一个妙手偶得就能点亮无数双闪亮的眼睛。

我想，只要我们用心去思考，也许我们偶然的一次灵动，恰为我们发挥聪明才智提供了机遇，使我们有了自由发挥才能的空间，使我们的课堂绽放精彩。正如叶澜教授所言："课堂应是向未知方向挺进的旅行，随时都有可能发现意外的通道和美丽的图景……"

赛场上一抹亮丽的风景

运动会在热烈而又紧张的氛围中进行着，正如很多班级横幅写的那样"奋勇拼搏，挑战自我"，各班学生都在竭尽所能地拼搏，为班级争光。特别是分数相差不大的各班之间，大家都在你盯着我，我盯着你，暗暗地较着劲。

我们班的学生也是这样，为了这次运动会，学生们可是下了不少功夫。运动员们从本学期开学初就开始了有计划地训练，而非运动员们也尽力做好一切后勤保障工作……正如有句话说的那样"没有白流的汗"，班级在运动场上的得分在快速上涨，学生们又兴奋又充满了期盼。

尤为突出的是班级的几个女生，她们几乎都是学年长跑、短跑的前几名。这几个女孩子性格活泼、做事利索，有着极强的集体荣誉感，其中就有班级的团支书。在昨天的200米预赛中，团支书和班级的另一名女同学分别是两个小组的第一名。今天早上第一项就是200米决赛，对班级同学来说，第一、第二名肯定是我们班的，这好像已经没有什么悬念了。

随着一声发令枪响，选手们冲了出去……毫无悬念，第一名是班级的女同学，第二名是团支书。可是下场的时候，同学们却发现这名女同学是一瘸一拐地走回来了。原来她腿部的肌肉在昨天轻度拉伤的基础上又深度拉伤了。虽然同学们努力帮助按摩、帮助喷药，可依然没有好转。眼看着400米决赛又开始了，怎么办呢？团支书尝试走了一下后决定继续上场。

随着400米决赛的一声发令枪响，她用力起跑竟然没有冲出去，还差点摔倒，旁边的其他班级的两位选手不由自主地顿住想要扶她，看她没有倒下，旁边的一名选手开始加速，而另一名选手却还在迟疑中，并放慢了脚步……团支书急忙对旁边的选手打着"快跑、快跑"的手势，催促着旁边的选手快点冲刺，看她没事，旁边的这位选手这才开始加速，而团支书却在赛场上依然一瘸一拐地坚持着……

一切都好像在瞬间，但一切都定格在所有观众的心里。几秒钟的寂静之后，赛场上爆发了雷鸣般的掌声……这掌声陪着团支书跑完了全程。

赛场上我们到底比的是什么？今天，赛场上这几名选手用自己的行动将比赛内涵演绎得淋漓尽致，感动着所有的观众，温暖着场上的每一个人。

最美的瞬间

马上要进行期中检测了，老师、学生都比以往紧张了许多。这次考试的英语试题由我们班的江老师出，为了避免泄题的嫌疑，这几天的英语复习她不再领着大家一起复习，而是让学生分单元自己复习，然后她进行小测，再按班级各组学生测试成绩的平均分进行小组评比（班级共分6个组）。

昨天，平均分第一名是第四组，而最后一名是第一组。公布完成绩之后，第四组的兴奋和第一组的沮丧形成了明显的对比，特别是好强的第一组组长竟然默默地掉下了眼泪，这让那些偷懒的学生都受到了无声的刺激。于是，各组学生都暗暗较着劲。

今天要公布各组成绩的时候，提前知道消息的第五组的组员小声地请示我："老师，如果是我们组第一，我们可不可以鼓掌？""当然可以。"我肯定地说。于是，掌声开始响起来了。今天的第二名是第三组，第三组的组长带着夸张的口气告诉我，"老师，我们组的李同学太厉害了，他竟然考了55分！"（这李同学以往可都是二三十分的成绩）这句话让李同学美滋滋地低下了头。而昨天最后一名的第一组组长也喜滋滋地告诉我，他们今天是第四名了。看来只要努力，就能有回报。而今天的最后一名的第六组则一直都在沉默着，也许是在沉默中等待着爆发。

　　自习课上，为了迎接明天的竞赛，学生背英语的劲头更足了。各组成员间互帮互助，想着法儿互相鼓励。我看到第一组的成员竟然偷偷地签起了合同，预定每人小测的分数。其他各组成员也都想方设法相互督促、鼓励，比赛似的记忆着。

　　这情景感动着我，这——真是最美的瞬间！

遵守规则

班集体是学生的组合，每个学生都有自己的思想和行为。但是，作为一个集体、一个组织，一定要力求避免受个人思想和行为的干扰，必须要求步调一致。所以，规则的约束不可缺少。

今天，班级的学习委员违反了班级的一项规定。于是，负责这项工作的学生要按照班规进行处理，而学习委员竟然拒绝接受。于是，情况被反馈到我这里了。

我当然要维护我们的班规，按照班规对学习委员进行了处罚。通过与学习委员的简单交流，聪明的他很快就认识到自己存在的问题，并上交了一份比较深刻的检讨书。

我想，对于学生来说，养成自觉遵守规则的习惯是很有必要的。

规则是一个组织生存和发展的保障，没有了规则，组织成员就会像一盘散沙，各自为战，没有前进的方向。作为一个班集体，班级的每一名学生都应该遵守班级的规定，做每一件事情，都要对自己的行为负责，这就是规则。如果违反了这个规则，就要为自己的行为付出代价。

当然，有时候，某个规则可能存在着一些不合理性。但是，我认为在新规定出台之前，我们还是应该遵守的。

努力为学生一生着想

校运会的第二天，也是最激烈的一天，很多学生早早便来到了看台，等候激烈的场景出现。可是，一直到决赛的发令枪都响了，班级竟然还有两名学生没来报到，这可是以前从来没有的事情。基于本学期开学以来两人的种种表现情况表明，这两名学生很有可能到网吧去了。

猜测毕竟是猜测，于是赶紧给两名学生家长打电话。果然不出所料，两名学生的家长都不知道孩子的去处。这两名学生在班级的学习成绩都不好，两人的家还都住得比较偏远，而且家庭都极为困难。

两名学生的家长也许忙于生计，没时间去找这两个孩子，而我也不能把全班学生扔下去找他俩。就这样怀着耿耿于怀的心情，"十一"假开始了。

在家期间，想起这两个孩子便觉得生气，又担心这"十一"假期就这样让他俩玩起来，岂不很难把心收回来？据我现在了解的情况看，这两个孩子的家长都是管不住这二人的。怎么办呢？灵机一动，想起一个办法来。那天晚上9点多，我猜想两个孩子即使到网吧玩也该回来了，于是分别给两家打个电话，接电话的都是家长，我说担心孩子完成不了作业，所以希望孩子明天开始到我家来写作业，由我看着。其实，这样也只是想起到一种"敲山震虎"的作用。果然，两个孩子都说不用过来，会在家好好完成作业的。

转眼假期结束了，10月8日早上，收作业的时候我有意关注了一下二人上交作业的情况，两人的大部分作业都完成了。这已经是很好的了。但对二人逃课以及上网吧的事情我还是要赶紧处理，而且必须严肃处理。我把二人请到了我的"专用教室"——生物实验室，在这个没人打扰的地方开始处理。刚开始二人都极为坚定，不管我怎样说，他们都不说一个字，看来是准备拿出一番"不屈"的勇气了。终于，我被激怒了，指着其中一人大声说："老师知道你学习不太好，可是老师一直在尽力地帮你，老师只是希望你将来有一天能学习你所喜爱的专业，能找到一个稳定的工作，至少能养家糊口，可你这样下去，一辈子会混成什么样？……"说着说着，这名学生的眼泪流了下来。于是，我又指向另一名学生说："老师知道你喜欢画画，老师一直都希望你将来能继续读书，将来能选择你喜欢的绘画专业，能从事你喜欢的专业。老师努力去抓你的学习，不是期待你将来能考上高中给老师增光，老师知道，以你现在的成绩很难考上高中。但老师希望将来你有机会继续读书的时候，不会因为初中的底子太薄而跟不上其他同学的脚步……"我的话还没有说完，这名学生哭着大声对我说："老师，我知道我错了。"

晚上，其中一个孩子的家长打电话向我表示感谢，同时也请求我继续帮帮他……其实，老师教育学生绝对不是为了家长。但当我们真的是为学生一生着想的时候，学生会从内心感激我们并接受我们的教诲的。

当然，学生的一次保证不能说明一切，但毕竟这是一个好的开端。

附　录

坚守教育初心，践行育人使命

——记丹东市第五中学教师徐伟

在最美的边境城市丹东，有这样一位人民教师：学生眼中的她，慈爱、严谨；同事眼中的她，勤奋、进取；家长眼中的她，信赖、担当。她，从教31年，担任班主任28年。今天，她依然工作在教育教学的一线，在学校承担生物教学工作、教研组长工作及班主任工作。多年来，她把自己全部的心思都扑在教育教学上，把全部的心血都倾注在学生的成长中，她用"钻研、奉献、责任"在三尺讲台上诠释自己人生的平凡与璀璨。她，就是丹东市第五中学的徐伟老师。

徐伟老师自1991年参加工作以来，一直在教育教学一线上辛勤耕耘，默默奉献。翻开徐伟老师厚重的人生履历，积淀的尽是岁月菁华：丹东市优秀班主任，"丹东市初中生物工作室"主持人，丹东市五星班主任，丹东市首席教师，丹东市"五一劳动奖章"获得者，辽宁省华育十佳优秀教师，辽宁省优秀教师，辽宁省学科带头人……

她是教育教学的实干者

三尺讲台，三十年坚守。三十年如一日，她忠诚党的教育事业，热爱教师工作；她严谨执教，关心学生，为人师表；她善于学习，勤于反思，不断积累。她常说："教书者必先强己，育人者必先律己。"她以超前的意识和锐意进取的精神，在教育教学改革中创出了一片新天地，使她具有先进的教育思想和教育理念，具有改革创新精神和较高的教育教学水平。

工作中，她努力用行动诠释着一名教师的各种角色：

作为生物教师，徐伟老师不仅研究教材、教法，更努力研究学生、学法，在课堂上她努力激发学生的学习兴趣，使学生"乐学""爱学"。她的课堂总是充满生机与活力，课堂中她关注学生创造性思维的培养，引导学生学会思考，做到融会贯通，举一反三，做学习的主人。她的课多次在省、市教研活动中现场展示、观摩，得到省、市教研员的高度评价，并被聘为"丹东市初中生物兼职教研员"。在省、市教研活动中，起到示范和引领作用。

作为教研组长，她深知自己不仅是活动的组织者，还是教学的引领者。她与组员团结协作、相互尊重、彼此关心、共同努力，使教研工作不断踏上新台阶。她带领的五中生物教研组的各项活动都能走在省市教研工作的前面，丹东五中生物教研组不仅是"市优秀教研组"，也成为丹东市生物教育教研基地。

作为班主任，她深知爱是教育的基础，是师德的核心。她用爱努力唤醒学生身上美好的东西，激发他们的自信。她努力让每一位学生都能获得发展，都能成就最好的自我。徐伟老师有一双善于发现问题的眼睛，她总能及时发现学生身上的问题，并能及时纠正、启发、教育，引领学生健康成长。在一次关注学生早餐问题的调查中，徐伟老师发现班级的小宇同学竟然天天不吃早餐。原来，小宇同学的父母很早就离婚了，他和年迈的爷爷一起生活。贫穷的生活条件，让他们养成习惯：不吃早餐。这让徐伟老师感到心疼，她开始用自己的行动在生活上关爱小宇，常常给小宇买些食品和生活用品。老师的行动落在学生的眼中，更铭记在学生的心中。一次班会上，大家由食品安全问题引出了早餐问题，同学们集体发出倡议：小宇同学的早餐以后由大家负责！于是，班级的学生开始轮流每天给小宇同学带一份营养早餐！爱，就这样在班级传递下去……徐伟老师所带的每一个班级的学生都沐浴在这样爱的阳光下：班级的物品坏了有人主动修理，班级的同学感冒了有人热心送药，班级的同学遇到难题了有人细心答疑……有人说，教育事业是一片洒满阳光的沃土，学生是成长中的幼苗。徐伟老师正是在这片沃土上用"心"耕耘，用"爱"浇灌，使这些幼苗能绿树成荫，繁花似锦。作为班主任，她坚信，每一个孩子都有成为成功者的潜质，只要让他沐浴在信任与友善的阳光下，必然会慢慢培养起自信心和进取心。她深知，教师的奉献是一种坚守、一种责任，她始终牢记自己肩负的责任。徐伟老师从没有后悔过自己的选择，她就是这样用自己的点滴言行诠释着为师者的大爱，诠释着教育者的智慧。

多年来，徐伟老师凭着对教育事业的忠诚和热爱，凭着对学科知识和教育理论知识的锲而不舍的追求，凭着对教育科研课题的不断探索，凭着对学生的无尽热爱，在丹东教育的这片沃土上，逐渐成为一名教育教学的实干者。

她是先进理念的引领者

作为省学科带头人、省优秀教师、市首席教师及名师工作室的主持人，徐伟老师认真履行自己的责任，努力发挥名师的示范、引领和辐射作用。她积极参加省市教研、培训、送教下乡等活动，定期组织开展教育教学研讨活动，开展各种研究性学习活动、学生社团活动、教师培训及送教下乡活动。她带领"初中生物名师工作室"的成员们，积极开展讲座、论坛等社会公益活动，努力发挥名师工作室的示范和引领作用。

徐伟老师被市教育学院聘为教师培训主讲教师，她多次在丹东市骨干教师培训班上、学科带头人培训班上、班主任培训班上等做专题讲座，分享自己在教育教学中的先进理念以及自己在教育教学实践中的心得体会。徐伟老师几乎每年都会带领工作室成员参加送教下乡活动，丹东市的很多乡村学校都留下了他们的足迹，她带领她的工作室成员们用自己较为先进的教育教学理念和教学方法引领和带动大家。

她深知，教师是一个学无止境的职业，是一个充满着智慧而又不断创造智慧的职业。她积极参与教改，不断改进自己的教育教学模式，并把自己的收获分享给大家，引领大家共同成长。

她是科研活动的研究者

徐伟老师具有教师职业的敏感性、反思意识和研究意识。她习惯于"在教学中研究，在研究中教学"，习惯于以一名研究者的眼光审视教育教学实践中的问题。她认为，一个没有思想的老师也就没有了教书育人的灵魂。作为教研组长和名师工作室的主持人，她深知，科研可以提升教学的品位和内蕴。她带领丹东五中的生物教研组把科研工作落到实处，倡导学生要走出校园，要在"做中学"。对于徐伟老师来说，讲台就是她的舞台，每次讲到精彩处，看到学生眼睛里闪亮的光，她便感觉自己进入了绝佳的境界，特别享受。

在她的带领下，组内研究风气浓厚。丹东五中生物教研组多次参与省级课题研究，相关课题多次获奖。例如，近几年参与辽宁省科学"十一五"规划立项课题"信息技术与中学生物学新课程教学整合的研究"并顺利结题；参与省课题"环境教育实施途径、方法"科研课题研究并顺利结题；主持的省课题"初中生物学教学与本地生物资源整合的研究"顺利结题。

她是教育使命的担当者

2016年，徐伟老师荣幸地当选为辽宁省人大代表，在2017年、2023年省人大代表换届选举中，她又成为一名连任代表。作为一名省人大代表，徐伟老师非常关注我省的教育，努力践行"人民选我当代表，我当代表为人民"的初心。几年来她上交了多份有关教育的建议，如《关于假期教育场所、锻炼场所能对学生免费开放的建议》《关于在我省中小学推进开展生命教育的建议》《关于关注中小学学生在校就餐质量的建议》《关于关注学生脊柱健康问题的建议》等。很多建议得到了相关部门的重视或采纳。其中《关于"传统文化进校园"的几点建议》被列为省重点建议。

人生因责任而忙碌，生命因尽责而精彩。徐伟老师曾说过这样一句话："我不是教育家，但我一定要用教育家的情怀来做教育。"荣誉，带来的是更多的任务和更大的责任。她多次作为教师代表、省人大代表，参加各部门组织的座谈活动，努力为做好本地教育出谋划策……

多年来，徐伟老师一直坚守初心，带领了一届又一届的学生。她从未停下脚步，更不会忘记为何而前行。在参加各级各类的公开课、讲座、研讨中，总有她激情澎湃的声音。尽管她有时也身心疲惫，但她永远都是人群中笑容最灿烂、激情最饱满、浑身最有力量的那一个！她始终用自己的言行和自身的正能量感染着学生、家长和老师们。

"起始于辛劳，收结于平淡。"这是徐伟老师的真实写照。作为一名教师，徐伟老师每天的工作都是平凡和琐碎的，但她从未感到倦怠，因为她每天的工作都充满创造，她每天都在超越中享受收获！徐伟老师最多的关键词不是苦和累，而是充实和幸福。在徐伟老师的心中，学生永远是天使，而她就是为天使修补翅膀的人！她的生命因孩子们而更年轻、更精彩！

行走在科研的路上

——丹东五中徐伟事迹

徐伟，丹东市第五中学生物教师。任教以来先后获得多项荣誉：丹东市五星班主任，丹东市首席教师并主持徐伟名师工作室，丹东市"五一劳动奖章"获得者，丹东名师，丹东巾帼建功标兵，辽宁省华育十佳优秀教师，辽宁省优秀教师，辽宁省学科带头人。

在省、市教育学会的具体指导下，徐伟老师积极参加学会组织的各种教育科研、学术交流活动，带领丹东生物名师工作室及丹东五中生物教研组的成员积极参与、开展各种教育科研活动，努力探索适合本地区教育的理论并能付诸实践，取得了很好的成果。他们承担的科研课题多次在省市教育学会中获奖。她带领的工作室成员多次在丹东市教育局组织的骨干教师培训、教研组长培训、学科带头人培训中担任培训主讲教师，介绍他们先进的经验，影响面比较广，取得了非常好的效果，在丹东地区有一定的知名度。

几年来，徐伟老师参与或主持的课题多次在省、市教育学会获奖：参与的省级课题"信息化背景下微课建设的现状分析和对策研究"于2017年顺利结题；主持的省课题"初中生物学教学与本地生物资源整合的研究"于2019年顺利结题；"生物学教学中情感态度价值观教育的实践与探索""利用本地生物资源，开发校本教材的探索""'导学探究，民主高效'教学模式的研究"等多个课题在市教育学会获奖。她的教研成果也多次在省、市教育教研活动中进行现场交流。

教研活动成为常态

徐伟老师能在实际工作中，切实落实教研活动。徐伟老师主持的生物名师工作室，每年都会向省、市教育学会申请科研课题。每周四上午固定是丹东五中生物组的教研日，而且他们会定期组织一次教学问题研讨活动；每月会组织一次课堂教学研讨课活动；每学期都能至少为市直全体生物教师提供一次专题讲座；能够指导学生开展各种研究性学习活动及其他社团活动，比如生物教研组的"红蜻蜓"社团，已经取得一定成果。同时，在工作中，五中生物组经常主动与省、市生物教研员保持联系，以争取专业指导与支持。

在课堂中，徐伟老师带领丹东五中生物组成员以学校的课改模式——"导学探究，民主高效"为契机，在课堂中大胆尝试新模式，不断改进教学方法，不断调整教学策略，想方设法调动学生的积极性、主观能动性，使学生思维能始终处于活跃状态，愿意主动探究、积极思考，帮助学生成为学习的主人，从而提高课堂教学效率。

对于课堂中发现的问题，徐伟老师能及时带到集体备课中。在集体备课中，引导大家群策群力，共同探讨：从知识内容到能力培养、情感教育；从教学方法的应用到学生学法的研讨……点点滴滴，一丝不苟，精益求精。他们利用一切可利用的教研空间，互相评价、欣赏、学习、交流、争论、研究……虽未轰轰烈烈，但也踏踏实实。其中有成功，有失败，有感悟，有困惑……

课堂中的一个小小的教育现象、一个小小的教学细节，都可以成为他们研究的内容。他们研究的时间不仅仅固定在集体备课时间，甚至课间十分钟也不放过。在研究中，教研组的每个成员都是平等的、民主的；在研究中，他们有学习、有争论、有分享……在徐伟老师的带领下，研究，已经成为生物教师日常生活的一种常态。——在教研中，他们成长起来！

科研工作落到实处

徐伟老师是丹东五中的教研组长，同时也是"徐伟生物工作室"的负责人。我们常说，科研促发展，她带领丹东五中的生物教研组把科研工作落到实处，倡导学生要走出校园，要在"做中学"。

在她的带领下，组内研究风气浓厚。丹东五中生物教研组多次参与省级课题研究，比如参与辽宁省科学"十一五"规划立项课题"信息技术与中学生物学新课程教学整合的研究"并顺利结题；参与省课题"环境教育实施途径、方法"科研课题研究并顺利结题。他们"以学生发展为本"，着眼于满足不同学生的个性特点和多样化的发展需要，开发并撰写适合本校学生需要、符合本校及丹东地区实际的校本教材开发研究。她带领课题组成员利用节假日时间到过五龙山、金矿山；到过瑷河边、鸭绿江边；到过马家店草莓大棚；到过很多无名的山间田野。他们已经收集到很多有关丹东本地生物的资料。

一分耕耘，一分收获。在省、市教育学会的领导及校领导的关心支持下，在名师工作室成员及生物组成员的共同努力下，他们取得了很多可喜的成绩，相关课题多次在省、市比赛中获奖。徐伟老师被市教育学院聘为教师培训主讲教师，她多次在丹东市骨干教师培训班上、学科带头人培训班上、班主任培训班上以及青年教师培训班上做专题讲座，分享自己在教育教学中的先进理念、心得收获，引领大家共同成长。

学习成为一种习惯

为努力提高自身的理论素质，徐伟老师经常组织成员开展读书品书活动，提高成员的理论素养。同时，她能常态化地组织研究探讨初中生物学教育教学的改革趋势和前沿动态；她积极参与指导初中新课程的改革与实施，并邀请教研员参加指导，也曾邀请省内专家共同探讨。

在徐伟老师的带领下，生物工作室成员及丹东五中生物组的每位教师，都能出色完成各项任务；生物工作室教研风气浓，协作意识和团体凝聚力强；教研组帮扶结对工作开展得非常有效，年轻教师也成长得非常快。

　　在徐伟老师的引领下，名师工作室及丹东五中生物教研组的每位老师都在教育教学中取得了很多成绩。但徐伟老师深知，学习没有止境，追求没有终点。未来的日子里，她依然会耕耘在教育一线这片乐土上，用她的努力，为丹东的教育教学默默地尽自己的一份力。